汽车工业管理科学与工程丛书

汽车项目管理实用指南

项目规划 12 步成功法

[德] 阿林·雅沃尔斯基（Alin Javorsky）　著

[德] 刘晨光　译

U0336799

机械工业出版社

CHINA MACHINE PRESS

《汽车项目管理实用指南：项目规划12步成功法》分为三部分。第一部分在分析了为什么要做项目规划和如何规划之后，详细介绍了规划周期思想。一个规划周期的起点是项目订单，终点是该项目的完整规划。第二部分着重介绍了规划周期的12个规划步骤，每个步骤独立为一章。每个步骤在介绍了基本概念之后，具体讲解了其内涵，描述创建相应规划成果（规划文件）的各个分步骤。在这些规划步骤中还附有检查清单、经验性建议和提示，以及敏捷项目管理建议。第三部分是全书的总结，简单介绍了项目启动、实施和控制。最后是作者作为项目经理，基于多年工作经验，提出的若干项目规划建议和忠告。

本书特别针对汽车行业项目经理、子项目经理及管理人员，同样适用于参与汽车整车、平台、系统、零部件项目的业内人士，以及企业内部项目的上层领导和其他决策人员、项目管理咨询服务人员等。

© 2018 Carl Hanser Verlag, Munich

Simplified Chinese Translation Copyright © 2024 China Machine Press. This edition is authorized for sale in worldwide.

All rights reserved.

此版本仅限在中国大陆地区（不包括香港、澳门特别行政区及台湾地区）销售。未经出版者书面许可，不得以任何方式抄袭、复制或节录本书中的任何部分。

北京市版权局著作权合同登记　图字：01-2022-4542号。

图书在版编目（CIP）数据

汽车项目管理实用指南：项目规划12步成功法 /（德）阿林·雅沃尔斯基（Alin Javorsky）著；（德）刘晨光译 . — 北京：机械工业出版社，2024.4

（汽车工业管理科学与工程丛书）

书名原文：Projektmanagement im Automotive-Bereich: Der Praxisleitfaden-In 12 Schritten zum Erfolg

ISBN 978-7-111-75235-6

Ⅰ.①汽…　Ⅱ.①阿…②刘…　Ⅲ.①汽车工业-项目管理-指南　Ⅳ.①F407.471-62

中国国家版本馆CIP数据核字（2024）第048049号

机械工业出版社（北京市百万庄大街22号　邮政编码100037）
策划编辑：母云红　　　　责任编辑：母云红　丁　锋
责任校对：郑　雪　李　杉　责任印制：单爱军
北京虎彩文化传播有限公司印刷
2024年4月第1版第1次印刷
180mm×250mm·12印张·224千字
标准书号：ISBN 978-7-111-75235-6
定价：99.00元

电话服务　　　　　　　　　网络服务
客服电话：010-88361066　　机 工 官 网：www.cmpbook.com
　　　　　010-88379833　　机 工 官 博：weibo.com/cmp1952
　　　　　010-68326294　　金 书 网：www.golden-book.com
封底无防伪标均为盗版　　机工教育服务网：www.cmpedu.com

善谋者胜，远谋者兴。任何一个工程项目都不应该随意地投入实施，项目实施应该是有成效和高效的。这就是企业引入项目经理的真实原因。从项目管理到项目救急，这都要基于对整个项目过程进行预先的规划。但是问题在于：什么样的规划才能被认为是一个完整的项目规划？首先要做些什么？ 人们常说："项目规划因项目而异""这完全是项目经理的工作，他必须根据情况决定"等，这类观点和见解并不能给项目提供任何实质性的帮助。

当今，多数项目管理文献都只描述了一个宏观大略的项目规划模板。一个汽车行业的项目经理通常并没有充足的时间和精力综合性和有针对性地了解和学习这类管理专业知识。而在日常实际工作中，项目经理始终都要面对该行业的特殊性和挑战，他更需要一个面向实际的，简练、紧凑且具体性的学习指南！

因此，编写本书的真实目的就是将分散在多处、片段性的文献，结合本人多年的工作经验，提炼汇总为一个实践性的项目规划指南。其内容包括了汽车行业项目规划的主要内容，例如项目订单、项目结构规划、时间进度、风险清单、挣值分析（Earned-Value-Analyse）等，特别兼顾汽车行业的特殊性，将这些内容有机地汇总组合成一个整体，进而可对汽车工程项目的规划、实施和控制提供一个分步骤的渐进方案，在很大程度上如同一个医学处方，但并不具体涉及和依赖于不同企业的各自特色以及产品特定的开发流程、程序模型或者规划工具。

本书的思想基于以下前提性思维。

- 项目管理是一项可以学习的技能，而非艺术。
- 项目失败的原因往往可以追溯到规划阶段。
- 项目规划是项目简化和控制的基础。
- 项目规划创建了项目结构和框架，使许多参与者可以同时高效和谐地合作。
- 项目结构对于组织管理工作和衡量项目进展都至关重要。
- 要避免项目文件中的信息和数据冗余。
- 项目目标也是企业实现经营目标的手段。

前　言

阅读本书有何益处?

创建项目规划所付出的努力是一项极有价值的投资！它在很大程度上决定了一个项目的具体进展和实际结果。而最后同样重要的一点是，作为一个项目经理如何在繁忙的日常工作中始终保持清晰的头脑和逻辑性思维。一个牢靠的项目规划可以为项目成功和个人事业奠定坚实的基础。

本书的内容有助于创建一个完整且一致的项目规划，进而有效地进行项目控制，使项目进展保持在既定的关键事件时间节点（又称里程碑，本书均使用里程碑一词）路线上。它可称为"规划一个规划"或分步式渐进的行动指南。

正如《熊探戈》（*Bärentango*）一书的作者汤姆·德马科（T. DeMarco）和蒂姆·李斯特（T. Lister）所言：让成功依赖于运气其实是行不通的，而且是幼稚可悲的。

这本书是针对谁写的?

本书特别针对汽车项目经理、项目领导和子项目经理及管理人员，同样适用于参与汽车整车、平台、系统、零部件项目（在本书下文中简称为汽车工程项目）的业内人士。

项目管理中的"利益相关者"此处意指在企业内部，项目的上层领导和其他决策人员，例如部门和科室领导、团队负责人、产品经理、流程管理经理。对于这一读者群体，本书可以为下达、安排和委托项目以及引进和改进项目管理流程提供某些启发性建议。

第三个目标读者群体可以是自由职业型项目经理、咨询师和提供资格证书培训课程的人员。

"项目经理"和"项目领导"在本书中被理解为同义词。后文为了表达一致，将仅使用"项目经理"（或子项目经理等）这一术语。

本书的结构

第一部分包括两部分介绍性内容，即为什么要做规划和如何规划，主要详细地介绍和说明规划周期思想。一个规划周期的起点是项目订单，终点是该项目的完整（初始或更新）计划。

第二部分着重介绍规划周期的理念。一个规划周期将规划过程分解为12个规划步骤，每个步骤都将在单独的章节中予以描述。在介绍了每个步骤的基本概念之后，就在其相应子章节中详细具体地讲解其内涵，描述创建相应规划成果（规划文件）的各个步骤。

除了对这些项目步骤的说明，本书还补充有检查清单、经验性建议和提示，以及来自当今软件开发和敏捷项目管理的建议。

第三部分是全书的总结，简单介绍了项目启动、实施和控制。最后是作者作为项目经理，基于多年工作经验，提出的若干项目规划建议和忠告。

汽车行业的特殊性

汽车本身仍是一种最为复杂的量产产品，它由数百个相互作用的系统和部件组成。因此，开发和制造车辆的计划也相当庞大复杂。

当今，乘用车辆是一种越来越多地与周围环境交互、移动，并暴露在自然天气中的民用产品，它必须保证在所有可考虑到的情况下安全、可靠和舒适地行驶，并且仍适合于大规模生产。许多科学技术领域的新成就都不断导入汽车行业，例如制造技术、信息技术、互联网、半导体工业、塑料技术、轻量化结构、储能系统等。科学技术的飞跃发展和行业内激烈的竞争都导致产品生命周期越来越短，同时加剧了产品创新和功能更新的压力。

正如今天光彩夺目的演员，可能明天就黯然失去聚光灯下的光环。当今，电动出行、自动驾驶、汽车共享和网联出行等新趋势明显地表明，不仅未来的汽车外观将有所不同，而且其开发、制造和使用方式也将更加不同。

现在汽车产品的开发流程基于V模型，即产品在几个开发周期中逐步进行完善，即所谓的V周期，开发流程通常可持续6~12个月。但目前行业更多地受到敏捷管理方法（Agile Method）的影响，可能不久就会看到更新的项目管理方式，比如"混合式项目管理"。

汽车是一个由软件、硬件包括电子电气和机械部件组成的复合体，每一个组成部分都涉及汽车生命周期中的不同阶段，主要包括开发、生产、营销和回收。另外，汽车还涉及不同的专业领域以及完全不同的专业背景知识，在未来，这将要求项目经理掌握更高水平的跨专业知识。

将来产品开发更趋于标准化，项目进行的效率也将越来越成为汽车行业内部竞争的决定性因素。还有一些姗姗来迟的计算机技术应用，将会使项目管理更加直观、易于互动、更具现实感和易于操作，类似于智能手机中的应用程序（App），而不是Windows 2000 GUI。

汽车行业中通常有以下几个与项目规划相关的特殊性和相应的挑战。

- 项目通常由具体项目经理和上层领导共同规划，即所谓矩阵组织形式。
- 项目有时间压力，遵守开始量产（SOP）期限是最高优先级。
- 产品需求通常在项目开始时并不完全，而是在项目过程中不断补充而趋于成熟。
- 采用跨越企业的分布式产品开发方式，由原始设备（车辆）制造商（OEM）制订进度（图 0）。
- 自上而下制订项目预算、人员配置和发布日期。
- 项目报价/竞取阶段与规划阶段和项目实施阶段经常有时间上的重叠。
- 并行开发和生产准备。

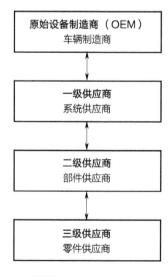

图0　汽车工业供应链

PREFACE

敏捷项目管理和项目规划

敏捷项目管理概念最初来自软件开发领域，现在也成为汽车行业的热门话题。它汇总了许多敏捷性观念、原则、方法和流程，形成了一种处理复杂和动态性项目的新模式。其主要特点是独立工作的团队和迭代式工作方式，其目标是使开发进程更加简单高效。而敏捷项目管理实质上就是希望能替代过去过于僵化和官僚式的管理方法。

敏捷项目管理更强调和接受流程的不可预测性，适合于频繁变更（包括后期变更）的情况，这通常被认为是一个项目实施中的重要特性。敏捷项目管理是以解决方案为导向的，更需要扁平的人员组织层次结构、更加明确的职责和规划调整灵活性。

在敏捷项目管理的背景下讨论项目规划时，经常会涉及项目内容的不同抽象层次，即产品路线图（Product Roadmap）、发布规划（Release Planning）、冲刺规划（Sprint Planning）和任务规划（Task Planning）。详细计划（任务计划，Task Planning）通常只发生在两个迭代之间。

迭代受制于时间盒（Time Boxing），这意味着必须严格遵守所定义的时间期限。虽然在传统项目管理中，如果工作成果不可采用，里程碑往往会被推迟，但在敏捷项目管理中，不合格的中间工作成果会推后，即重新计划，但交付日期仍保持不变。

V模型和敏捷项目管理二者并不是相互排斥的！然而，敏捷项目管理与工作合同形式有一定冲突。项目或某单一项目（例如软件开发）可以以敏捷的方式进行，以一个传统流程模型为框架，并与产品里程碑同步。但汽车行业常见的工作协议是明确定义了成果，并以固定价格作为约束性承诺的，对此就需要一个完全涵盖项目持续时间和工作范围的规划。这一规划范围不可能简单地从一个迭代过渡到另一个迭代，以避免在项目后期才发现只能交付所商定成果的一部分。敏捷式固定定价或者需求单价式的订单模型在实践中通常都难以实施，其原因很简单，即个性化需求的价格一般都难以确定。

敏捷项目管理可以快速交付可用的中期成果，项目由小型团队负责，如果有条件，团队成员在一起工作，可100%投入于拥有共同目标的项目工作。但在矩阵式组织结构中，鉴于汽车产品特性和现有人员组织（全球分布、面向生产线）的复杂性，这些前提条件仍然难以得到满足。

目前的出版物和专业文献中所描述的敏捷项目管理经验还并不总是具有可借鉴

性，通常不能直接移植到汽车行业，这当中就必须考虑产品与产品、行业与行业之间的差异。

敏捷项目管理方式也并非灵丹妙药！一个项目以前没有获得成功，那么引入敏捷式工作方式可能也不会带来重大改观。当然，只有当流程具有稳定状态且高效时，使用敏捷方法可以实现某些改进和优化。

当处理项目规划细节令人感到厌烦时，敏捷方法有时被视为一种颇受欢迎的选择。然而，敏捷项目管理也不能没有一个详细的计划，这就如同根据 V 模型工作一样。

无论是传统方式还是敏捷方式，为了有效地设计开发流程，都必须了解产品和相关技术，详细制订必要的开发步骤，且必须认识到项目成员如何才能有效地协同工作。敏捷性观念、原则、方法和流程都为此提供了宝贵的思维理念。

敏捷项目管理特别适用于满足以下要求的项目（或项目范围）。

- 小型项目团队，比如迭代式增量开发（Scrum）最多有九名成员。
- 专业技能和个性磨合完美的团队。
- 所有员工都 100% 致力于一个项目。
- 员工主要集中在一个地点工作，如果可能，尽量在一个办公空间。
- 项目持续时间尽可能短。
- 针对部分成果，可以相对快速地交付。
- 客户不强制要求签署工作协议。
- 项目团队可以自主工作，即项目不受外部过多干预。

目　录

目　录

CONTENTS

汽车项目管理实用指南
项目规划 12 步成功法

PART 01

第一部分
基础知识

第1章
项目规划简介

1.1 为什么要进行项目规划

1.1.1 为什么项目会失败

项目预算超支、错过最后交付期限或者产品不符合预定需求等，这类问题在汽车工程项目中并非个别案例，在我们的日常生活中也是如此。但是为什么项目目标达不到？项目最终为什么会失败？类似问题的基本原因也可以在其他行业中找到。

《项目失败案例研究和建议》（*Project Failure Case Studies and Suggestion*）总结性地罗列了若干项目失败的最常见原因。

- 缺乏企业管理层的支持。
- 项目目标不明确。
- 项目范围扩大，在不调整资源或项目时间的情况下扩大任务要求和范围。
- 交流沟通性障碍。
- 缺乏对项目的全局观。

美国计算机学家 Kweku Ewusi-Mensah 在他的著作《软件开发失败》中，明确地列举了若干导致软件开发项目失败的常见原因。

- 项目目标不明确。
- 项目团队组成错误。

- 质量保证不足。
- 缺乏所需技术背景。
- 对初始情况考虑不足。
- 缺乏用户共同参与。

德国项目管理协会 GPM Deutsche Gesellschaft für Projektmanagement e. V. 和英国管理、系统和技术咨询公司 PA Consulting Group 在其《项目管理中的成功与失败》报告中，也列出了项目失败最常见的原因（参见参考文献 GPM/PA Consulting Group 2008）。

- 缺乏合格的企业员工。
- 沟通不畅。
- 项目要求和目标不明确。

不同文献来源中所列出的原因在很大程度上是一致的，与作者来自汽车行业的实践经验较为符合。项目经常因以下一个或多个原因而导致失败。

（1）对项目范围没有完整充分的认知

在项目开始时，所需交付的工作成果并不充分和完整，或者事先的项目要求分析并不完全。在项目进行中，工作成果将逐渐累积增加，这就意外地扩大了项目的实际范围，即所谓的范围蔓延（Scope Creeping）。

（2）缺少重要的人员资质

项目从一开始就没有配备拥有所需资质的人员。项目人员缺少必要的专业能力，或者从一开始就没有认识到这一点。另外，企业员工入职和变动都需要重新熟悉工作。

（3）在项目规划和实施中缺乏管理层的积极参与

管理层在成功获得项目订单后，就将项目托付给项目管理人员和团队成员。而上级管理层仅对所出现的问题做出反应，无事则不过问和关注，这是典型的升级汇报机制。

（4）项目启动时仍没有项目计划

在没有全面制订项目规划的情况下，总是以避免浪费项目时间为理由仓促地启动项目。有时项目规划创建与项目实施并行，需求分析、设计和实施同时进行。

 结论

大多数项目失败的原因可以追溯到项目规划。早期规划中的不足和错误在后面的项目实施过程中大多难以纠正和补救。或者换一种说法来讲，失败通常始于项目规划。对一个项目而言，错误产生得越早，后期产生的灾难性影响就越大。

项目规划影响项目结果。"告诉我你的项目是如何开始的，我能告诉你它将如何结束。"这一般是项目经理的口头禅。

1.1.2 所以就要规划

1. 理解项目订单

要将项目订单内容转化为具体的工作成果和步骤，并分析项目环境，评估成本和风险，这就要求全面地理解、把握和审查订单内容。在规划阶段就应大体确定项目订单内可能存在的不完整性或不明确性。

2. 验证可行性

项目规划也是一项可行性研究。究竟哪些工作步骤是必要的？需要怎样的人员和资源配置？哪些是可支配的？计划内有多少预算资金？项目订单能否在给定时间内实施？这都是审查项目订单可行性的内容，是项目经理的固有任务之一。第一次检查通常发生在项目报价阶段。在项目开始时，必须确认报价阶段的前提条件是否仍然适用，并且必须不断地深入评估其细节内容。

3. 保证控制和监督

只有在定期性地比较实际数据和目标数据的基础上，才能有针对性地进行项目控制。项目执行中通常存在以下问题：项目还在正确的轨道上进行吗？项目进程中出现的变化将如何影响项目成果？能按时且按要求完成项目任务吗？只有当正确地勾勒出通向目标的途径和中间成果时，才能回答此类问题。项目规划要保证其可评估性，而正是评估使控制成为可能！通过评估可以尽早识别错误，并及时进行控制干预。在这个意义上，项目规划就是为有效管理创造了"安全防护"。

4. 实现个人成功

每个人都想事业上有所成功！只有当你能够承担责任和独立工作，并且知道预期的结果时，才可能会产生希望获得成功的压力和动力。要自问：我的工作成果在何时可以达到？项目规划定义和划分了工作成果和责任范围，这也为每个项目成员创造了发挥自己才能的空间。通过项目规划，项目成功的可能性将分布在多个实施阶段（里程碑），这就可以在项目进行期间收获阶段性的成功感。

5. 系统性的经验获得

在项目中创建组织结构使得结构化和系统地收集所获得的经验和教训成为可能，这有助于员工个人和企业组织的发展和成长。例如，收集多个项目中给定工作范围的实际工作量，以在未来项目中优化和改进工作量估算工作。

6. 激励团队精神

一个内容明确且易分解的项目计划，可以促进项目成员对该项目的认同。项目成员可以明确自己的工作将与企业的经营前景相关联，其对项目的贡献就变得显而易见。团队合作和分工多是通过项目成员的不同职能角色和责任范围给予确定。

7. 提高效率和效益

最终，项目管理和与之相关的努力都证明，一个复杂的项目不能以某种简单的方式实施，而必须具有高效益（盈利）和高效率（能效）。项目开发时间和成本必须尽可能少。为此，项目规划工作为实现项目目标定义了最直接的路径，即尽可能少地消耗人员费用、企业资源和预算经费。更形象地讲，大家都坐在一条大船上，要同向操桨，同步发力前行。

1.1.3　项目规划的基本问题

从高效率、高效益实施项目订单的要求出发，衍生出以下项目管理的若干基本问题，在项目规划过程中必须提出和给予明确的回答。

1）**项目订单想要什么？** 包括动机、初始情况、边界条件和项目目标。

2）**项目实施需要什么人力和物质资源？** 包括所需的工作成果、知识、技能、资金和资源。

3）**何时交付项目成果（最早时间 / 最晚时间 / 最大概率时间）？** 包括项目持续时间、交付日期、项目结束时间。

4）**如何控制项目的进程？** 包括工作步骤、进度跟踪、计划与实际状况比较、里程碑。

5）**谁在项目中做什么？** 包括人员规划、项目组织、角色、职责范围。

6）**项目应该如何运作？** 包括工作流程、沟通、文档、规则。

7）**什么会影响项目的成功？** 包括项目环境、风险、政治和经济局势。

 　首先，规划使成功成为可能，因为它定义了实施。项目的早期规划可确保项目正确起步。而没有规划，即使可能取得成功，其结果也仅是偶然的。

1.2　如何进行项目规划

1.2.1　以项目订单为起点

项目订单是项目规划的基础。它所包括的核心内容，特别是其中的客户需求，定义了一个项目的框架。规划从定义产品和项目的需求开始，这在流程参考模型 *CMMI for Development 1.3* 中详细地给予了说明（参见参考文献 CMMI 1.3 2010）。项目规划时的任务就是将一个项目订单的内容转化为具体的工作订单。

对于项目经理来说，项目订单是一种初步的定位，使其履行职责具备"合法性"。

通常，大多数项目任务都会留下尚未解答的问题。项目订单可以以不同的方式和文本质量提交，也可以以口头或书面的方式提出。但是，如果没有客户和项目经理之间的对话沟通，即使是极为详细且深思熟虑的项目订单，也可能无法完全充分地回答所有待解决的问题。

必须在规划阶段确定和指出项目订单内容中不完整或不明确的部分。经验丰富的项目经理绝不会在不检查项目订单的情况下就简单地接受项目订单，甚至会在必要时与客户共同制订项目订单，目的是梳理出客户所要求的重要内容。因此，规划应始终从项目订单的内容明确开始。

本书所描述的项目规划方案与项目类型和其完整性无关。在实践中有所不同的是：通常一份精心制订、内容完整的项目订单能使项目经理的工作更加简单轻松，降低了项目规划所需的工作量。通常从项目订单就可识别和确定项目对客户的重要性。

1.2.2　项目规划周期

1. 项目规划周期 12 步

必须将一个项目规划作为一个整体来看待。从一开始就必须清楚，哪些规划文件将用来构成项目规划，以及在何时、何处都需要哪些项目信息。每个规划文件在规划中都有其特定的功能，应尽可能保证其详细程度一致，使其看起来像是"一气呵成"的。如同对待所有其他复杂的任务一样，在规划时要具有渐进性、系统性，有条不紊地进行，这样做是有其实际意义的。

本书将一个项目规划分为 12 个步骤，这 12 个步骤共同构成一个闭环的项目规划周期（图 1-1），此划分可以降低规划工作的复杂程度。

每个项目规划步骤（以下简称步骤），除了步骤 1 之外，都需要使用其先前步骤的工作结果，这就是为什么要严格遵守规划周期中指定的步骤顺序。

步骤 1：明确项目订单。与客户详细讨论并明确项目订单内容。要制定项目的预期目标、初始动机、初始情况和所处的边界条件。

步骤 2：分析项目环境。要系统性地分析项目所处的现实环境，评价利益相关方和其他环境因素对项目可能产生的影响。

步骤 3：设计项目流程。识别和检查所要遵循的各个项目流程，定义必要和特定的项目调整（筛选措施）以及改进要求，对超出项目边界的流程要与合作伙伴进行协调。

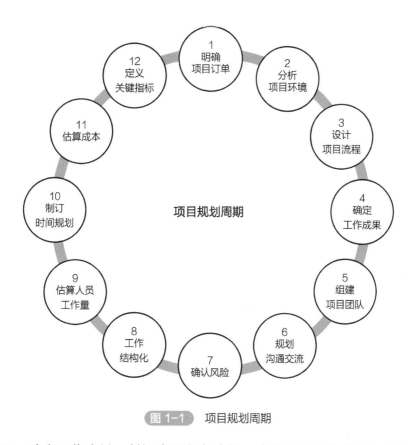

图 1-1　项目规划周期

步骤 4：确定工作成果，制订成果发布计划。确定所需工作成果的内容，并使用发布计划确定其实际实施中的时间顺序。

步骤 5：组建项目团队。对人员需求和人员的可用性进行粗略的估计，并确定必要的人员调配措施。创建项目组织结构图，分配并描述项目中各个人员的职责和角色。

步骤 6：规划沟通交流。项目中正式和非正式的沟通交流问题均要积极地给予考虑。正式的沟通一般体现为项目报告和安排会议的形式。其中，项目营销是采用有针对性的方式用于项目对外部的展示和介绍。

步骤 7：确认风险。即识别、评估和应对风险。系统性地寻找项目实施中可预料到的风险，并评估当前已识别的风险，以确定对相应风险所要采用的应对措施，减少风险所带来的损失。

步骤 8：工作结构化。将工作成果和相应措施转移到相应的工作包中，工作包应在创建项目规划时清晰地予以分配。

步骤 9：估算人员工作量。执行项目订单所需的人员工作量可采用估算的方法确定。

步骤 10：制订时间规划。项目目标要按照项目阶段，根据里程碑按时间进行细分。确定项目中各个事项之间的关系，分配所需的人员和物质资源，以便确定项目日期规划。

步骤 11：估算成本。对执行项目订单所需的人员成本和其他成本，要按项目时间和结构进行估算和分配，以确定项目的经费支出计划。

步骤 12：定义项目控制管理的关键指标。对这类指标要明确定义，以控制和监督项目状态和进展。

以上每个步骤都会创建一个规划文档。这样就产生总共 12 份规划文件（表 1-1），可用于解答项目规划中的基本问题，并以此创建了项目实施和控制的框架。

表 1-1 项目规划文件（规划成果）

编号	规划文件	内容	解答的基本问题
1	项目订单（准确的）	动机、目标、初始情况和边界条件	项目订单想要什么？
2	项目环境分析	列举和评估项目环境因素、定义环境管理措施	什么会影响项目的成功？
3	流程列表	列出项目中给定和所需的流程，定义责任、工具、筛选和其他措施	项目应该如何运作？
4	工作成果和发布计划	列出预定和所需的工作成果，版本和阶段成果的发布时间	更详细地解答问题 1），作为所有后续步骤的基础
5	项目组织	1. 人员需求：粗略估计人员需求，审查人员可用性，规划人员调配措施 2. 项目组织和人员角色：分配，创建项目队伍，定义项目中的人员角色	1. 项目实施需要什么人力和物质资源？ 2. 项目应该如何运作？
6	沟通交流规划	汇报渠道、汇报计划、会议计划、参与人员交流措施	项目应该如何运作？
7	风险列表	建立所有已识别风险的文档，进行评估和提出应对方法	什么会影响项目的成功？
8	项目结构规划	1. 项目结构：汇总和细分工作包 2. 工作包说明：描述所需的成果和其他必要的规范说明	项目实施需要什么人力和物质资源？
9	工作量估算	按工作成果估算人员工作量	项目实施需要什么人力和物质资源？
10	时间规划	时间规划包括进程规划、人员和资源规划、里程碑规划	1. 项目实施需要什么人力和物质资源？ 2. 何时交付项目成果？ 3. 谁在项目中做什么？
11	成本规划	成本估算、成本矩阵、成本总额、成本图表	项目实施需要什么人力和物质资源？

（续）

编号	规划文件	内容	解答的基本问题
12	项目控制指标	项目控制的关键指标	如何控制项目的进程？
可选 / 跨步骤文件			
13	运作日志	文档：记录、信息、决议和次要任务	
14	项目手册	项目说明性文档	

2. 项目规划为何是周期性的

一方面，本书将项目规划描述为具有多个相关步骤的序列性循环，即一个规划周期，规划周期的首次运行会启动项目规划。另一方面，在项目实施期间，还必须周期性地重复此循环，以便审查、更新项目规划，并在必要时修正项目规划，即所谓的规划更新。这个过程对应于一个更为细节化的循环式质量管理方式，即 PDCA 循环，如图 1-2 所示。

图 1-2　PDCA 循环

通常，在项目开始时，项目规划缺乏准确性的情况很常见，随着项目的推进，其准确性逐渐提高。就更新项目规划所涉及的工作量而言，一般也会随着规划周期循环次数的增加而不断减少。

在以下时间节点应完整地运行规划周期。

- 在项目开始时（可能有多次，以增加规划的深度）。
- 在每个新项目阶段开始时，例如样品阶段。
- 当项目订单变化、项目或产品需求变化时。

此外，建议在项目实施期间，定期重复规划周期，例如每月一次，以检查项目规划的实际遵守情况。

1.2.3 将规划周期付诸实践

1. 为规划做规划

项目规划并非随随便便就可创建！规划需要人员、预算和时间。这还涉及项目的复杂性和持续时间、组织机构的成熟度、相关参与人员的经验等，即使创建一个初始项目规划也可能需要数周甚至数月的时间。

此外，汽车工程项目的规划还需要团队合作，通常需要不同部门的专业知识和支持，其中要涉及多个部门科室、专业领域和零部件供应商，其内容广泛且技术复杂。必须组建一个跨部门和专业的规划团队，针对性分配和下达规划任务。在收到项目订单后，创建规划团队的组织结构应该是项目经理首先要解决的问题之一。

如果可能，应该一次性进行项目规划。在最好的情况下，规划团队在此期间可专门致力于规划任务。对此，建议举办多日研讨会，最好是脱离开日常的工作环境，并根据实际需要在客户、委托方、行业专家的参与下进行。但通常在现实的企业中，一个项目经理不可能将所有必要的人员多日聚集在一起。如果最初的项目规划无法单独投入大量时间，参与规划的人员仍要保证其日常工作，那么项目规划可被视为一个初步的、小型的、独立的项目，用以规划和协调更多、更为具体和更为详细的规划步骤。

图 1-3 展示了一个理想化的汽车工程项目的初步规划。所谓理想化，是指在时间上其规划步骤按顺序进行，多个步骤之间在时间轴上没有重叠，但这在实践中通常是不可能的。在这一实例中，包含有计划的工作量和持续时间。每个时间段内的工作量和持续时间都因项目而异，一般与规划内容的复杂程度、所涉及的人员数量等正相关。

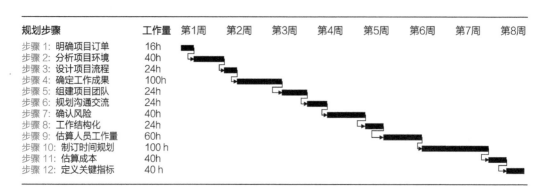

图1-3 甘特图式规划周期

每份规划文件在宣布其生效之前，都应经过规划团队的审核和批准，然后提交给配置管理部门。而后续更改只能由具有更改权限的项目成员才能进行，并且修改历史必须是可追溯的。

建议　在项目开始之前，项目规划应始终由相关的负责人（客户、公司管理层）审查和确认。

2. 项目规划需要付出多少工作量

就初始项目规划而言，其工作量取决于以下几点。

- 项目订单范围（项目总工作量）。
- 对规划的深度和质量要求。
- 规划团队的经验（方法和资质）。
- 组织的成熟度（模板、经验值、规划过程）。
- 可供使用的规划时间。

例如第 4 步确定工作成果。在规划一个日常例行项目时，如果有一个训练有素且经验丰富的规划团队，并且现存有标准化的项目结构，在这种最佳情况下，只需几个小时的工作量就可以创建所需的工作成果列表。但是，如果项目是为以前未知的客户开发新型的复杂产品，并且没有标准化的项目结构，则需要进行广泛和深入的订单分析，以确定所需的工作成果，这个步骤有可能需要数百小时，最坏的情况下甚至需要数千小时的工作量。

在初始项目规划中，可按粗略估计的项目总工作量来安排规划的工作量，其经验公式为

$$规划的工作量 \approx 1/30 \times 项目总工作量$$

以此类推，可以粗略估计所需的规划时间：

$$规划时间 \approx 1/30 \times 项目总时间$$

标准化的规划流程和模板都有助于减少规划的工作量和时间。这类标准应在企业组织中逐个项目地进行制定和改进。

3. 如果在计划步骤中意识到需要对先前的计划步骤进行更改，该怎么办

通常，一个规划步骤的结果不仅会影响后续的规划步骤，还会影响先前的规划步骤。如果有了新的认识、见解和发现，就可能要对已经创建的规划进行扩展或更正。在这种情况下，切记不应该在规划周期内跳跃规划步骤，即使仅仅为了调整规划文件，还必须检查其间的规划步骤是否也受到了影响。

例如，在步骤 11 估算成本中，决定必须适当缩小项目范围，以保证项目成本在预算范围内，则必须至少在明确项目订单（步骤 1）、工作结构化（步骤 8）、估算人

员工作量（步骤 9）和制订时间规划（步骤 10）中，考虑这项决策可能带来的影响。

对此，有以下两种可能的行动方案。

• 对于小规模的更改，如果是可以在稍后的时间点进行，且不影响后续的计划步骤或下一个项目阶段，则可以先将这个更改要求以文档的方式记录下来，在下次运行整个规划周期时再给予考虑，进行具体的更改。

• 在发生重大或紧急变更的情况下，应该跳回项目周期中第一个受到影响的规划步骤，从那里开始，重新完成整个规划周期。对于每个后续的规划步骤，都必须检查更改是否对相应的规划结果产生影响。

4．在一个完整和协调的项目规划完成之前，项目就已经启动，该怎么办

在高质量的项目管理中，项目实施总是在项目全面规划之后才真正开始。但现实情况往往有所不同。

项目实施早于项目规划有很多原因。现实中常见的一种情况是：项目竞取进展缓慢，即使经过多轮谈判，仍不知能否获得项目订单。但在某个时候，在没有预料到和毫无准备时，突然收到了项目任务。这时，为了避免再浪费任何时间，项目立刻进入实施阶段，并期待尽早获得工作成果。这种情况下，项目规划则如同秧苗"补栽"一样要补上。

如果项目是在"没有规划"的情况下就启动，这时接手的项目经理并不总是大权在手，但至少应该坚持在开始工作之前，彻底弄清楚项目订单的内容。接下来几周的首要任务就应该是完成项目规划，将项目实施的范围尽量减小到最低限度。

图 1-4 展示了在实践中各个项目阶段之间经常会出现的重叠。

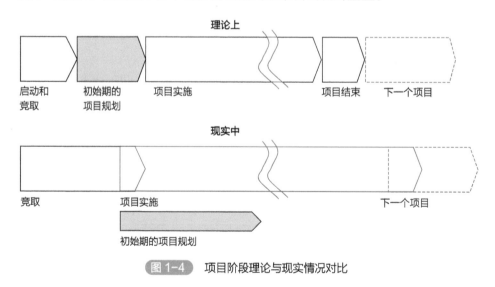

图 1-4　项目阶段理论与现实情况对比

5. 接手一个正在进行的项目

如果项目经理要接手一个正在进行的项目，首先可通过规划周期迅速地了解项目现状，并检查该规划的完整性，对可能存在的缺失部分必须给予填补。缺乏规划结果和项目状况信息就无法有效地进行项目管理。当然，项目剩余的工作时间越多，交付期限越远，越能填补更多的项目空白。

6. 处在困难环境下的项目规划

一般，如果项目或企业本身处于杂乱无章的情况下，则项目规划常常被忽视。这时，企业内多充斥着诸如此类的言论："我们现在有更为紧迫的问题""纯粹教科书知识在这里对我们没有帮助"，或者"我们现在再也不能为此浪费任何时间"等。但越是在这种困难的情况下，高水平的项目管理越应该引入更多冷静、理智和客观，打破僵局，再次回到需要关注的要点。

仅仅因为项目处境艰难或时间紧迫，就轻率地放弃项目规划工作，这如同在解决复杂数学问题时，放弃数学规则一样。与简单盲目的行动相比，采用结构化和计划性的方法，可以较为容易地挽救一个处于"濒危"状况的项目。

然而，一般来说，良好的项目管理需要一定的企业环境，如果没有相适应的企业文化和正确的组织领导心态，就很难实施项目管理工作。

1.2.4 其他准备工作

1. 项目运行记录

要注意收集、整理和保存项目会议记录、小型任务、决策或有关数字信息。对于仍存在的未解决的问题，可按条目和时间顺序列入表格，这个表格又称为行动项目列表。其中还包括已识别出的风险、所需的应对措施，或者与后续步骤相关的信息。简单概括来说，这些记录包含以下关键词。

- 引入的要点。
- 介绍。
- 标题（日志条目、描述性标题或关键字、记录编号）。
- 条目（用于更详细的描述和注释，指出当前日期）。
- 任务。
- 交付日期（针对不同的任务）。
- 状态（进行中、已完成、已过时、被推迟）。
- 议程和参与者（用于重要会议，作为单独的日志条目或另行制作表格）。

但是也要避免对所有事项都进行细致的记录，或者将具体任务归档入未解决问题列表。这通常会导致管理过细。在一个运行良好且责任明确的团队中，并非必须对每一个工作细节都进行跟踪，比如，不需要每一次都把会议的出席或缺席情况记录下来。

也可采用虚拟看板（Kanban）替代未解决问题列表。针对项目的结构，它可使记录、任务、决策和信息更清晰化。如果采用 Trello、MS Planner 或 Taskworld 等基于云的解决方案，还应遵守企业的信息安全准则。现在也有越来越多的此类解决方案应用于汽车行业，例如 Atlassian 公司的 Jira Software。

2. 项目手册

项目中经常有重复需要的项目信息，比如项目计划的结果（项目订单、环境分析、项目组织等）、一般性项目管理信息（项目编码、重要联系方式），或者某些特殊性协议，这些信息都应该汇总到一处进行集中化管理。项目手册正是适用于此目的。项目手册可以是文本文档或演示文件。如果信息内容经常变化，建议建立源文档的内网引用链接，以避免产生冗余信息。项目手册可用于快速查询、获取项目文件，也非常适合用于向新入职员工介绍项目情况。它应该在项目规划之初创建，并在规划过程中逐步补充、更新和完善。

3. 文件归档

项目文件归档结构应在规划之初就予以明确，以确保项目文件从一开始就可以有组织性地存储。应尽早指定存储位置和文件夹结构。图 1-5 显示了一个项目文件夹的结构。

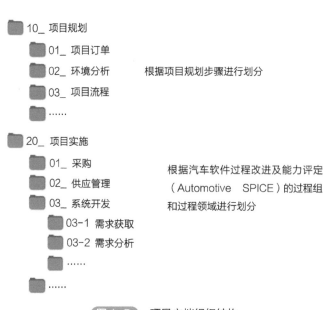

图 1-5　项目文档组织结构

1.3 良好的项目规划应该满足的基本要求

良好的项目规划应该满足以下基本要求。

- 聚焦于项目订单。
- 人员工作量适中且合理。
- 被客户、企业管理层和实施人员接受。
- 项目核心部分稳定。若有小规模变化，可提供足够的缓冲，并仍保持有效性；而对大的变化也可以调整适应。
- 可验证。
- 作为项目整体的一部分，项目规划与实施具有相同的优先级，并应兼顾规划成本限度。
- 在项目实施开始之前就已制订，而不是与其同步进行。

参考文献

Carnegie Mellon University: CMMI® for Development, Version 1.3. November 2010. Verfügbar unter: https://resources.sei.cmu.edu/asset_files/Technical-Report/2010_005_001_15287.pdf, zuletzt abgerufen am 29.10.2017

DIN 69901 – 1 … 5:2009: Projektmanagement – Projektmanagementsysteme. Beuth, Berlin 2009

Gessler, M. (Hrsg.): Kompetenzbasiertes Projektmanagement (PM3) – Handbuch für die Projektarbeit, Qualifizierung und Zertifizierung, Band 1, 4. Auflage. GPM Deutsche Gesellschaft für Projektmanagement e. V., Nürnberg 2011

Hab, G.; Wagner, R.: Projektmanagement in der Automobilindustrie, 4. Auflage. Springer Gabler, Wiesbaden 2013

Hanschke, I.: Agile Planung – nur so viel planen wie nötig. In: Wirtschaftsinformatik & Management. Spektrum, April 2016

Project Management Institute: A guide to the project management body of knowledge: PMBOK® guide 3rd Edition. Project Management Institute, Pennsylvania 2004

VDA QMC: Automotive SPICE 3.0. 2015

Trepper, T.: Agil-systemisches Softwareprojektmanagement. Gabler, Springer Fachmedien, Wiesbaden 2012

汽车项目管理实用指南
项目规划12步成功法

PART 02

第二部分
项目规划周期

第2章
步骤1：明确项目订单

项目成功就是将项目订单完成！

图2-1所示为项目规划周期的步骤1明确项目订单。本部分后续章节将沿该规划周期依次介绍后续规划步骤，此图不再重复。

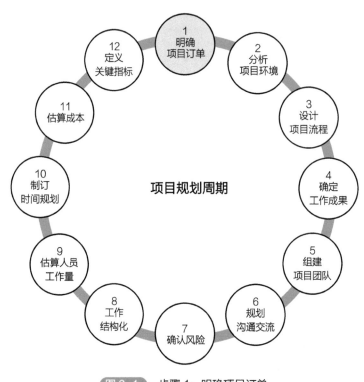

图2-1 步骤1：明确项目订单

2.1 简介

 做法、输入和输出

此规划步骤的做法

- 步骤 1.1：明确项目动机

为什么这个项目很重要？项目成果会有什么收益？

- 步骤 1.2：明确项目目标

项目结束后应该是什么样子？期待有什么结果？项目范围是如何定义的？

- 步骤 1.3：明确初始情况和边界条件

有哪些预算、哪些人员和可用资源？是否有过往的项目或类似的经验可供参考？是否有特别的限制？

此规划步骤的输入

- 项目订单。
- 报价和订单。
- 产品和项目需求（规格、其他相关文件等）。
- 与客户和订单给予方（甲方）的谈话。
- 企业目标。
- 先前项目阶段的规划结果（竞取、项目初始期、先前的规划周期）。
- 来自类似项目或过往项目的经验。

此规划步骤的输出

- 给予确定的项目订单。

上一个项目订单是什么样的？它是否能提供项目的一个清晰的画面？是否还遗留下了某些未解决的问题？是否能识别出项目订单与项目进程之间的相关性？

只有基于精准的项目订单才能制订出准确的项目规划，所有后续规划步骤均源自项目订单。

在项目中，一个项目订单具备几个基本功能：通过描述初始情况、客户目标、边界条件和客户动机来界定项目范围。如图 2-2 所示，一个项目是人为改变世界的一个尝试，当然，这也仅限于非常有限的范围内。

图 2-2 项目"改变世界"

　　通俗地讲，项目就是要依据给定的限制和边界条件，将当前一个不充分或不令人满意的现状（初始情况）转化为一个所期望的目标状态（最终现状），以此为客户、利益相关方甚至人类创造清晰可辨的收益（动机）。以上这些内容都应该反映在项目订单中。它也是在项目执行进程中确定任务优先级、制订预算和评估进度的原始出发点，更是评估项目成功与否的唯一基准。最后，同样重要的一点是，一个项目参与者达成共识的项目订单构成了组建团队的凝结剂。综上所述，一个明确定义的项目订单对于项目经理来说是必不可少的工作前提。

　　因此，项目经理的首要任务应该就是检查项目订单内容的完整性和一致性。将疑惑不清的问题向客户说明并明确，异议和矛盾必须协商解决。项目经理还必须确保他与客户对订单内容的理解一致，如有必要，他应该辅助客户共同起草项目订单。客户通常等同于项目委托人，但是在汽车工程项目中，通常也是一种客户与供应商的关系，这是一种在两个独立企业之间建立的关系，例如原始设备制造商（OEM）和一级供应商（Tier 1）。项目经理只能由他所在企业里的一个人委托，通常这个人是项目经理的直接上级领导。

　　项目经理应确保将所承接项目的动机、目标、初始情况和框架条件文档记录在案，例如记录在项目手册中。

　　此规划步骤中所需要的工作量可能会有很大变化。对于日常性项目和熟练的团队，与客户直接对话就足以确认项目订单的内容。然而，如果涉及一个较为复杂的项目，可能就需要召开持续数天的研讨会，以便与客户或者订单给予方明确有关细节。对于更为复杂的项目，而且解决方案也仍然不成熟时，甚至可先实施一个初级项目，其作用是明确项目订单内容。

 项目订单要提供以下问题的明确回答

　　•项目开始时：目标是什么？应该向哪里进发？

　　•项目实施中：项目进行还在正确的道路上吗？哪个任务要优先完成？

　　•项目结束时：项目成功了吗？

一个项目订单应涵盖以下问题，并尽可能完整地解答这些问题。

• 客户是谁？

• 项目的动机是什么？（为什么）

• 最初的情况是什么？（项目之前的世界）

• 项目的目标是什么？应该落实哪些产品和项目需求？（项目之后的世界）

• 什么时候可以实现目标？

• 与产品生命周期（如预开发、系列开发、产业化等）相关的项目从何处开始，将在何处结束？

• 什么时候可认为项目是成功完成了？（验收标准）

• 需要什么企业资源？

• 哪些部门可提供所需人员？

• 是否有其他特殊的边界条件？

还要包括以下最重要的项目数据。

• 项目订单号。

• 下订单日期。

• 与之相应的产品组／产品平台分配。

• 与之相应的车辆／车辆平台。

• 目标市场（北美自由贸易区、欧盟、亚洲等）。

• 日期：量产开始（SOP）、量产结束（EOP）日期。

• 订单状态和范围（由客户确定）。

• 产品生命周期内的预期产量。

• 预期销售价格、边际贡献。

 汽车工程项目的特殊性和挑战

• 产品内容非常复杂，导致产品要求较多。项目订单的核心通常是一个规范和相关文档，其中可能包含了对产品和项目的数千项要求。

• 项目范围主要是在项目竞取阶段，由所商定的产品和项目要求进行定义。

• "最低经济原则"也适用于汽车工程项目：应以尽可能少的投入实现给定的目标。

• 项目目标可以由微观和宏观规范组成。通常要拟定制定目标的原则，实质上就是满足产品要求与企业战略、企业全球化目标之间的和谐平衡。

• 量产期限已定！在汽车工程项目中，遵守交付日期是重中之重。

• 通常如果一个项目订单的内容表述得不够清晰，则将导致项目团队对项目订单有不同的理解和看法，甚至可能产生误解，在项目时间较为紧张的情况下，这可能会导致项目实施偏离客户所期望的项目目标。可以做一个小测试，比如向 10 个项目参与人询问对项目订单的看法，你可能会得到多个不同的回答。

• 上级管理人员和项目经理经常有相互矛盾的目标，例如，企业领导始终希望资源利用与成本最小化，而经营利润最大化。

组建规划团队

在汽车工程项目中，项目规划需要团队内外的合作。这都需要业务部门的专业知识和支持，以规划内容广泛且复杂的工作步骤。

在项目规划开始时，必须与项目委托方和上级领导商定哪些员工和组织将可以承担和支持规划工作，以及具体扮演的角色。必须有针对性地分派规划任务，并组织规划团队。

如果可能，项目实施所需的每一个专业都应该在相应的团队中有所体现。最好的情况是规划团队由后续还将负责实施的成员组成。

将具有类似项目经验或者所需专业知识的人员纳入规划团队！

2.2 明确项目动机

真正理解和明确项目动机就有助于在项目遇到瓶颈时，正确地选择行动的优先级。这也是激励员工工作热情的一个重要前提，即"为什么"要这样。奥地利管理学家弗雷德蒙德·马利克（Fredmund Malik）在他的《管理：工艺的全部和最终》一书中对此进行了概括："当人们不知道为何时，也就既没有动机倾向，也没有投入的热情……"（参见参考文献 Malik 2007）。

尝试回答以下问题，有助于理解项目动机。

- 项目对企业有多重要？
- 项目要实现哪些企业目标？
- 项目成果产生的收益是什么？

2.3 明确项目目标

在与客户的对话讨论中，项目经理自己必须要明确项目的目标。

项目目标决定了项目实质性的内容，它将项目与上级分配的其他任务或者业务区分开，并作为项目验收和成功的标准。拟定项目目标通常是客户和项目委托人的任务，因为项目的最终目标都是落实各自企业的经营目标！ 除了企业经营和战略目标，落实客户规范可认为是项目中的一个子目标。客户与供应商间的项目始终是两者之间一个关系紧张的区域。

提 示

目标就是需求！可以划分出产品需求和项目需求（图2-3）。

就项目总体目标而言，项目目标不能如此简要地仅用一句话来表述，因为一个项目非常复杂。而且项目目标要用行业规范和限制来具体描述，项目目标来自部分目标和子目标各自的截止日期、成本费用和工作范畴。

在每个项目开始时，必须特别要对客户需求进行彻底分析。如果需求分析工作尚未完成，则应尽早开始。这些工作包括需求的确定、评估和协商，都应在提交报价之前进行，但在实际中，这并不总是可行的。最迟在第4个规划步骤，即确认工作成果时对所考虑的项目范围内的产品和项目需求，所有相关人员必须充分理解，且彼此间进行过协调！

为了明确项目订单内容，就必须要求客户提供具有约束力的客户需求文件，并且完整地解释和理解其内容的含义，以便能够正确地定义和限制项目范围。

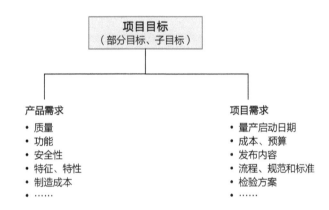

图2-3　产品需求和项目需求就是项目目标

　　在项目订单中，最重要的目标应该集中给予定义，例如项目期限（启动量产的期限）、成本目标（财务预算）、工作量范围（实施规范）以及其他项目目标（例如，在不同的项目中尽可能多地采用相同的零部件以发挥协同效应，赢得客户的后续项目等）。

　　多个项目目标可以相互关联，它们可以相互补充，甚至也可能相互对立。因此，作为项目规划的一部分，必须要解决项目目标的不一致性问题。

　　表达项目目标的艺术在于正确地确定每个目标集合的抽象程度，并用明确无误、简明扼要的措辞给予概括描述。

　　如果能满足以下条件，则可以很好地拟定项目目标。

• 清晰地描述所期望的结果。

• 可对项目成功与否进行客观评估（包括验收标准）。

• 提供了正确的抽象程度。

注意，在拟定项目目标时，一定要使用简单易懂的语言和完整的语句。

1. 项目管理三角形

如果在预定日期内，所推出的产品能够满足规范中所要求的所有功能，并且遵守预定的成本预算，那么这个项目就是成功的（Jakoby 2015）。与此类似，德国项目管理学家 Walter Jakoby 提出了项目管理三角形理念，即时间、成本和绩效，各自都作为变量，三者之间有密不可分的联系。德语中这一术语为 Magisches Dreieck，在英语文献中则称之为 Project Management Triangle 或者 Triple Constraint。其中任何一个变量的改变都会直接影响其他两个变量。这三者间的依赖关系既适用于整个项目，又适用于每个单独的部分，例如各个项目阶段、子项目、工作包等，因此，在项目中，每个决定都必须考虑到这一点！

只有在项目目标同时考虑和涵盖这三个方面（时间、成本和绩效）时，才能充分地体现总体项目目标。

可以而且有必要在上述理念中添加 "…… 客户对结果感到满意"。与此有关，还应该注意的是，规范通常不仅包含对产品功能的需求，而且还包含对质量、流程或成本的要求和限制。一般项目规范并不是严格性的文件，项目和产品需求可以且可能会在项目中发生变化。

2. 量产启动期限已定！

这句话经常强调最后期限在汽车工程项目中突出的重要性。通常，在汽车行业，项目工期被视为是一个确定不变的时间，而工作范围和成本费用往往被视为可变量（图 2-4）。如确有必要，可缩小订单交付范围或预算超支，以能够满足交付日期。然而，每个企业的盈利都是重中之重，企业经营必须产生利润！这看起来有一定的矛盾，事实也的确如此。

推迟产品上市时间就会造成企业成本费用增加。首先，因为许多企业和部门都参与一个新车型的开发，比如各级供应和服务商、装配厂、物流商、汽车经销商等。如果缺少其中的一部分，许多其他参与者就不得不等待，这一链式效应将导致所有参与者的成本增加和收入损失。其次，如果汽车制造商在竞争对手之后才将技术创新引入市场，就不得不担心其销售业绩不佳。最后，推迟汽车上市时间会损害汽车制造商的企业形象。许多新车型发布上市是媒体和公众广为关注的，包括新闻媒体、广告商、展会、经销商和客户。

因此，必须不惜一切代价满足承诺的交货日期，以避免更高的成本、合同罚款和违约赔偿。

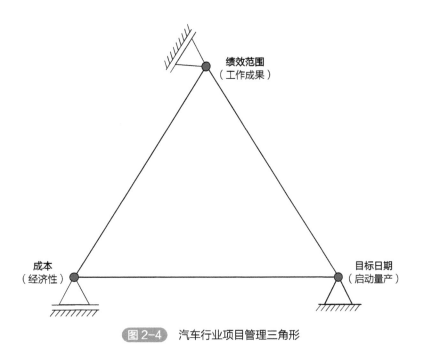

绩效范围
（工作成果）

成本
（经济性）

目标日期
（启动量产）

图 2-4　汽车行业项目管理三角形

建 议

•可将项目的总目标进一步分解划分为多个子目标，子目标数量应限制在 7 个左右。这样做的原因如下：如果大约有 7 个元素，人们仍可以宏观感知这些单独的元素，并将其建立与主题的关联。已证明，"7"这个数字是一个实用的衡量标准，可以作为限制复杂问题的边界。有关实验表明，在不超过 7 个事项时，人们最容易做出决定，并且对其选择最为满意。因此也建议将"黄金 7"用于组建项目，例如，在创建项目结构图或项目团队时。

•为了界定项目的范围，也可以列举出所谓的"非目标"，即明确不属于项目任务的内容。通过这种方式可以事先避免没能表达出的期望，避免考虑不周。

•审查报价和订单。所订购范围是否与实际提供的有所不同？

•可以举办有客户参与的研讨会，这有助于由客户阐明其真实的目标和要求。借此也可以加深相互信任和了解，营造合作共赢的氛围。

•要求客户提出优先考虑的项目目标。同样必须在每个子项目中都确定其目标的优先级。不言而喻，最重要的就是企业的运营，即创造利润、赢得新客户、挖掘团队潜力、落实企业总体战略目标等。项目优先级的决定必须对项目团队完全透明。

•在项目开始时，项目经理就要明确项目委托人（这里指企业内部上层领导和部门）；是否有权利为项目拨发预算和人力资源？如果还没有，你已经遭遇了第一个风险。

树起一座"灯塔"!

项目如同在大海上航行的船只，确定其航向就必须要导航，就需要陆地上的固定参考点。

要协调项目中的工作，项目的总目标应该是始终高悬可见的，项目订单的要求应该在日常工作中给予重视和处理。也就是说，要创建一个强大的项目形象。

因此，要将项目划分到最基本的要素，并清晰地给予表述。在语言表达上，应该仅用两三句话就反映出项目订单的核心。这类表达的措辞应该令人难忘，使每个员工在任何时候，都仍可回忆和复述出它的内容，例如电梯演讲（Elevator pitch）。

可以借助辅助性工具可视化项目目标，例如，产品的 3D 模型、草图或符号图。可有意地将项目介绍、演示模板以海报形式醒目地悬挂在工作地点，就像一座"灯塔"时时刻刻可见，提醒大家项目的现实存在。

敏捷项目管理的用户故事

在敏捷项目管理中，用户故事用于制订产品需求。在制定项目目标时也可以使用此方法。从客户（这里称订单给予方）的角度出发，需求（项目目标）和收益是按照统一的模式制订的。例如：作为一个"客户"，我想要"目标"，这样我就可以得到"收益"。

通过这种标准化和简单的表达形式，就可以更清楚地识别出项目动机和优先事项。用几个与主题相关的用户故事就可以组合描绘出客户的理想宏图。

2.4　明确初始情况和边界条件

任何一条路线总是由目的地和起点决定的！与此类似，一个项目规划无非也是描绘从起点到目标的路径，所以要对项目的初始情况有一个详细的了解。

同样，项目边界条件应该是已知的。这如同用当今的建筑技术建造一个房屋和使用 16 世纪的技术建造一个房屋，这两者是有区别的。从项目管理的角度来看，边界条件与项目目标的不同之处在于，边界条件被视为既定事实，它不是项目范围的一部分，无法更改它。对不确定性要做出相关假设。

以下问题有助于明确项目的**初始情况**。

• （对于外部客户）订单的状态是什么？订单的范围是什么？

• 开发是否基于现有产品？

- 可直接利用的组件和产品特性 / 功能的比例有多高？

- 企业是否已经有过类似项目的经验？

- 有多少产品和项目需求是已知的？

- 对客户需求分析和理解的完整程度如何（可接受、要拒绝、尚未协调的需求所占的比例）？

- 客户是否会在以后提出新的、可能影响项目方案的要求？

- 在接管正在进行的项目时，项目处于哪个阶段？产品成熟度如何？

以下问题有助于明确项目的**边界条件**。

- 有哪些可用资金？（这涉及有关人员、预算、物资、企业资源的大致信息，前提是这些尚未包含在项目目标中）

- 根据 ISO 26262:2018《道路车辆—功能安全》，该产品的汽车安全完整性等级（ASIL）是什么？

- 所要求的 Automotive SPICE 成熟度级别（能力级别）是什么？

- 每年在产品生命周期内，所计划生产的产品数量是多少？生产高峰在哪一年？数量有多少？

- 谁为批量生产所需的设备投入资金？谁是所有者？

- 是否要考虑与其他产品或项目的交互作用？

- 原型或成品是否要求向下兼容？

- 哪些部门和科室可提供所需人员？产品开发应该在哪些地方进行？

- 是否有其他特殊要求、条件限制、社会义务或流程规范？

建议

- 要与客户和订单给予方约定后期的项目范围扩展，即变更管理。变更管理将在步骤 3 中详细说明。

- 在项目开始时，还要与客户明确双方的合作模式。确保自己的项目团队与客户方的团队能够密切合作。

参考文献

Carnegie Mellon University: CMMI® for Development, Version 1.3. November 2010. Verfügbar unter: https://resources.sei.cmu.edu/asset_files/Technical-Report/2010_005_001_15287.pdf, zuletzt abgerufen am 29.10.2017

DIN 69901:2009: Projektmanagement – Projektmanagementsysteme. Beuth, Berlin 2009

Gessler, M. (Hrsg.): Kompetenzbasiertes Projektmanagement (PM3) – Handbuch für die Projektarbeit, Qualifizierung und Zertifizierung, Band 1, 4. Auflage. GPM Deutsche Gesellschaft für Projektmanagement e. V., Nürnberg 2011

Hab, G.; Wagner, R.: Projektmanagement in der Automobilindustrie, 4. Auflage. Springer Gabler, Wiesbaden 2013

Herrmann, A.; Knauss, E.; Weißbach, R. (Hrsg.): Requirements Engineering und Projektmanagement. Springer, Berlin 2013

Jakoby, W.: Projektmanagement für Ingenieure. Springer Fachmedien, Wiesbaden 2015

Kuster, J.: Handbuch Projektmanagement, 3. Auflage. Springer, Heidelberg 2011

Malik, F.: Management – Das A und O des Handwerks. Campus, Frankfurt 2007

Meyer, H.; Reher, H.-J.: Projektmanagement – Von der Definition über die Projektplanung zum erfolgreichen Abschluss. Springer Fachmedien, Wiesbaden 2016

Müller, M.; Hörmann, K.; Dittmann, L.; Zimmer, J.: Automotive SPICE in der Praxis: Interpretationshilfe für Anwender und Assessoren, dpunkt, Heidelberg 2007

Project Management Institute: A guide to the project management body of knowledge: PMBOK® guide 3rd Edition. Project Management Institute, Pennsylvania 2004

VDA QMC: Automotive SPICE 3.0. 2015

第 3 章
步骤 2：分析项目环境

如果不了解所处的环境，就丝毫没有机会
进行正确的管理——奥地利管理学家弗雷德蒙
德·马利克（Fredmund Malik）

3.1 简介

  做法、输入和输出

此规划步骤的做法

- 步骤 2.1：确定环境因素。项目环境如何构成？谁是利益相关者？哪些客观因素将会对项目产生影响？项目与环境有哪些交互接口？
- 步骤 2.2：评估环境因素。利益相关者和客观环境因素能在多大程度上影响项目？
- 步骤 2.3：管理环境因素。哪些措施可有益地促进项目或降低不利影响？

此规划步骤的输入

- 项目订单。
- 产品和项目需求。
- 类似项目和早期项目阶段的经验。

此规划步骤的输出

- 项目环境分析，其中包括收集、分析和评估环境因素、确定产品和项目要求的来源以及定义项目环境管理的措施。

    项目进程和结果是由项目内外的环境决定的。没有一个项目经理会怀疑上述事实，但这一点在项目中却常常被忽视。在大多数情况下，外部影响更具有决定性，因为对项目成功与否的评估主要是基于项目外部环境，而并不是企业内部！

项目环境会直接影响项目内容，反之亦然。项目也将会对环境产生影响（图 3-1）。要识别这些相互作用，并将它们纳入项目规划，这就是项目环境分析的必要性。

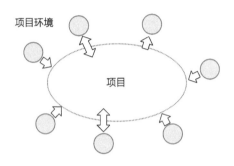

项目环境

项目

图 3-1　项目与其环境的交互作用

项目环境分析主要涉及以下几点。

- 尽早识别来自项目环境的可能的影响。
- 确定更多的项目需求来源（项目订单之外的）。
- 建立项目是一个"社会系统"的意识。

对项目环境越是缺乏真实了解，就越应该对其进行彻底分析。当企业希望赢得新客户、开发新产品或企业组织机构发生变化时，都有必要重新进行一次详细的企业内外部环境分析。实事求是地进行这项工作有助于更快且尽可能详细地获取当前项目环境的最新信息。

> **汽车工程项目的特殊性和挑战**
> - 企业自身内部的利益相关者通常对项目内容（人员、资源、预算）影响最大。所有的利益相关者，即订单给予者、客户和立法人员等也都有其关键作用。
> - 项目环境分析和利益相关者管理通常被视为次要的项目管理任务，因此，往往被忽略或仅仅形式化地处理，即被简单地认为只是要填写一个利益相关者列表。
> - 尽管对于大多数企业而言，项目环境基本稳定，可以创建项目环境审查清单，但仍缺乏用于环境分析和利益相关者管理的标准化程序。

但是都有谁和什么会对项目产生影响？项目环境因素基本上可以分为两类，即利益相关者和客观环境因素。

各种各样的利益相关者都会对产品和项目提出各自的需求，而不仅仅是客户。这些利益相关者的需求将可能扩大项目订单中所定义的项目范围。因此，必须在项目规划的早期阶段尽可能全面地照顾到所有这些利益相关者的需求。但事实上，很少能够完全满足所有利益相关者的需求，这就必须审视利益相关者的优先级。必须要找出哪些利益相关者更为认真地提出了实际的需求、哪些仅仅是期望和寄托，从而获得项目的边界条件。例如，希望能为其他项目提供测试台、从项目获取某些经验、定期获得发布信息等。

行业标准和法规等环境因素也会影响项目需求的制定。它们也限定了项目的边界条件，要求项目必须遵守行业规范。

在确定利益相关者、客观环境因素和各自需求时，需要项目管理和需求管理之间密切合作。

利益相关者

利益相关者是在项目中有合法利益的个人或群体。换句话说，这是所有受到项目进程和结果影响的人或群体。最典型的利益相关者是客户、用户、企业的决策者、授权批准和发布人、政府、开发合作伙伴等，有关这些定义可参考《INCOSE 系统工程手册（3.1 版）》（参考文献 INCOSE 2007）。

客观环境因素

客观环境因素是所有可以影响项目进程或结果的自然、社会和经济环境因素，不具有人为性质，因而不包括任何利益相关者。例如，客观环境因素可以是行业标准、法律规范、发展趋势或气候环境等。

汽车工程项目的典型环境因素

　1. **按类别划分的典型利益相关者**

　（1）企业内部

- 项目委托者
- 监督委员会
- 授权发布者（产品、流程）
- 产品经理、项目经理
- 上级组织领导（部门、团队领导）
- 相关项目的项目经理
- 质量管理经理
- 车间、制造生产厂
- 原型制造部门
- 采购部门
- 销售部门
- 控制部门

- 信息技术部门
- 市场营销部门
- 人力资源部门
- 中高层管理人员
- 企业管理层、董事会
- 股东

　（2）客户方面

- 项目经理
- 零部件经理
- 上级领导
- 采购部门
- 车间、工厂、生产部门
- 试验和测试部门
- 审批部门
- 质量部门

（3）开发伙伴

•顾问、自由职业者

•技术合作伙伴

•许可证方

•工具制造商

•测试实验室（例如电磁兼容性实验室）

•测试线路运营商

（4）政府、行业机构、协会

•大学

•德国联邦汽车运输管理局（KBA）

•美国加利福尼亚州空气资源委员会（CARB）

•政府环境保护部门

•德国技术监督协会（TÜV）

•汽车俱乐部

•环境协会

•新闻媒体

•认证机构（Automotive SPICE、CMMI⊖、IATF 16949:2016《汽车生产及相关服务件组织质量管理体系要求》等）

（5）供应商

•商业合作伙伴

•技术合作伙伴

（6）用户、最终客户、运营商

•私家车车主和运输公司驾驶员

•道路使用者

•车队运营商

•共享汽车运营商

•租车供应商

•维修车间

•车辆回收公司

•汽车配件交易市场

2. 典型的客观环境因素

（1）企业内部

•流程（开发、管理、产品创建流程）

•办公场所

•公司组织、项目地点

•工具和设备

•信息技术基础设施

•工作时间规定（周末工作、公司假期）

（2）客户方面

•地点

•信息技术（企业对企业［B2B］门户网站、数据交换）

（3）规范、标准

•ISO 26262:2018《道路车辆—功能安全》

•VDA 6.X 汽车供应链法规

•ISO 9001:2015《质量管理体系—要求》

•IATF 16949:2016《汽车生产及相关服务件组织质量管理体系要求》

•Automotive SPICE

•LV 124《3.5t 以下机动车电气、电子部件 – 测试要求、测试条件和测试》

•LV 123《道路车辆中高压部件的电气特性和电气安全 – 要求和测试》

•……

（4）法律、指令和法规

•《德国道路交通许可条例》（StVZO）

•美国加利福尼亚州《清洁空气法案》

•……

（5）竞争对手和技术驱动因素

•汽车行业内的竞争对手（相同产品类型的替代产品）

•移动出行方案提供商

•信息技术行业、消费电子

•半导体行业

•制造和自动化技术

•材料科学

（6）其他

•自然环境影响

•政策和立法

•基础设施

⊖ CMMI（Capability Maturity Model Integration）为能力成熟度模型集成，是衡量企业质量管理水平的一种资质认证。

3.2 确定环境因素

在项目团队之外，谁或什么可以决定性地影响项目的进程或结果？项目和环境之间的接口是什么？

如果需要，规划团队、专家以及有经验的人员应共同参加研讨会，讨论和明确项目的环境因素。可将准备好的话题清单和模板作为讨论的初始大纲，这在实际工作中非常有用。

首先应该大致了解项目的内容结构，以便更容易地识别项目环境的接口。例如，项目可能要涉及哪些企业部门、哪些学科的知识、哪些地点。

图 3-2 展示了一个简单的项目结构草图。

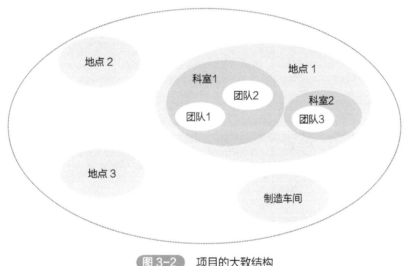

图 3-2　项目的大致结构

继而是分析项目环境、项目与其环境之间的接口。包括项目将涉及哪些利益相关者？他们在项目中各自扮演了什么角色？还要考虑哪些客观环境因素？哪些项目成员将要与客户或来自项目团队之外的人员建立直接联系？

这种讨论也可以以感性的可视化方式进行（图 3-3）。可用表格或图形描述内容和记录结果。在分析项目环境时，通常建议采用图形化的方式，这样更直观。

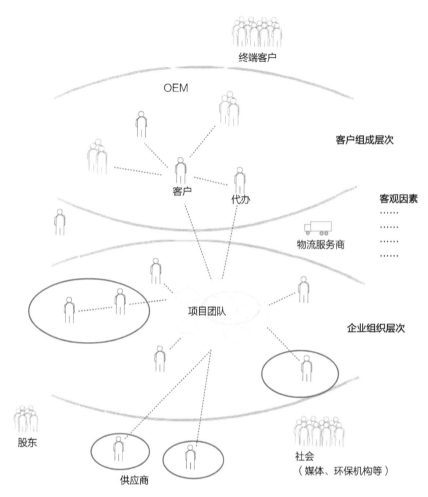

图 3-3 一级汽车供应商（Tier 1）项目环境示例

解答以下问题有助于确定环境因素。

1. 确认利益相关者

- 是否曾经进行过一次环境分析，例如一个项目早期阶段的环境分析？
- 谁将为项目提供资金？
- 谁最终确定项目是否成功？
- 是否有任何迹象表明，有来自过去项目且较为挑剔的利益相关者参与？
- 谁是客户？是否有多个客户？
- 谁对产品提出要求？
- 要开发的产品与其他哪些系统或产品将有接口？
- 企业自身组织中有哪些部门参与开发？

- 客户企业组织中有哪些部门参与开发？
- 谁批准产品发布？
- 谁是产品的最终客户、用户和运营商？
- 与哪些其他项目使用相同的人员和资源？
- 谁决定项目的优先级？
- 谁为项目提供部分成果（测量结果、外部开发的组件、咨询服务等）？
- 项目向谁交付总体成果或者部分成果（客户、测试部门、生产部门、营销部门）？
- 开发的产品会改变、淘汰或升级哪些产品？
- 谁必须以及谁想要了解项目的进展？
- 还有谁应该关注该项目？

2. 确认客观因素

- 项目人员在什么环境下工作（地点、办公场所）？
- 必须遵守哪些行业标准、准则和法律？
- 是否需要和采用来自其他企业的技术、产品或许可？
- 项目的基础设施是什么样的（建筑物、信息技术、可移动性、交通）？
- 项目订单中提到了哪些边界条件？

建议

- 为有效地进行项目管理，应尽可能列出已确认的利益相关者。在人数过多的情况下，可能还需要进一步细分。在敏捷项目管理中，用"角色"这一术语表述客户类型的聚类。

- 可使用类别构建项目环境，即客户、企业自身、标准等。本章已列举出若干典型的环境因素和类别。

- 要考虑项目和环境之间的接口。例如，如何交换数据或工作成果？可直接和哪些人接触？

- 要观察利益相关者之间的关系。一个利益相关者的决定会影响另一个人的决定吗？

- 项目成员也可以算作利益相关者，毕竟他们在项目中拥有一定的合法利益。但是建议将项目成员排除在环境分析和利益相关者之外。把对项目成员的评估作为项目规划的一部分通常是不可取的，这类文档记录可能会被误解或导致完全不同的意见。

3.3 评估环境因素

没有必要也不能够同等地兼顾所有的利益相关者和客观环境因素，因此就有必要评估他们各自对项目的重要性。

1. 根据影响力、关注程度和态度进行评估

根据利益相关者对项目的影响力、关注程度和态度这三点，对已知利益相关者进行评估，这在项目管理中非常常见。通常可将评估结果记录在评估表格或利益相关者组合图中（图 3-4）。

1）**影响力**。利益相关者可以对项目进程或结果产生什么影响？他们的决定将来是否会促进、妨碍或阻止项目进程？

2）**关注程度**。项目对各个利益相关者有多重要？

3）**对项目的态度**。利益相关者对项目的看法是积极的、消极的还是中性的？一个项目的成功是有助于其自身目标的实现，项目对利益相关者并没有很大意义，还是对其自身会产生某些障碍？

同样，也可以对客观环境因素按照对项目的潜在影响程度（较低、中等和较高）以及对项目订单的作用（有利、无意义、有阻碍）进行分类。

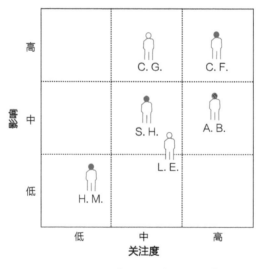

图 3-4 利益相关者组合：根据对项目的影响力、关注程度和态度

2. 根据需求的类型和约束性进行评估

当利益相关者所关注的需求得以满足时，项目就是成功的！因此，对于规划和控制一个汽车工程项目，另一种类型的评估将更加重要，即根据其需求的类型和约束性，对环境因素进行分类（图 3-5）。对于利益相关者和客观环境因素，可根据其权力和需求进行区分，即需求是必须给予考虑，还是应该给予考虑（如果可能的话），又或者是明确不需要考虑。此外，必须区分它们是否有权对产品或项目提出需求。

已确认的产品和项目需求来源之处，但如果没有包含在项目订单中，则必须记录在案，提交给需求分析（需求管理）。

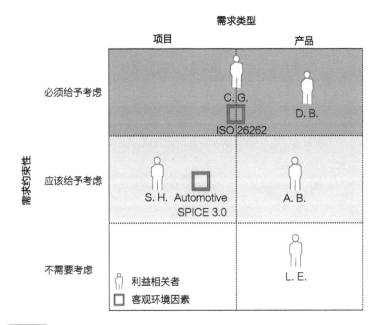

图 3-5　根据需求的类型和约束性，对利益相关者和客观环境因素进行评估

建议

- 始终寻求与利益相关者的个人对话，以了解他们内心的期望。要将利益相关者对项目的期望用明确的语言表达出来，并加以简练描述，这也有助于评估和理解利益相关者的需求。但也要注意有些可能被认为是不言而喻的要求和期望。
- 尽可能客观地进行评估，并始终聚焦于项目订单。
- 如果已有大量已确认的环境因素，则可在详细评估之前进行筛选，即挑选出那些对项目产生决定性影响的环境因素。
- 如有必要，就应该去获取更多的信息，例如通过匿名问卷访谈、互联网调研、分析相关行业标准和规范等的要求。
- 处理个人数据时要遵守数据保护法律法规，并且总是要假设其内容可以被公开。

3.4 管理环境因素

在实施项目管理之前就要管理来自项目环境的影响！通常可以将项目环境的影响程度设想得大一些。一旦了解了项目环境对项目的影响，就可以寻找和利用有益的影响因素，减少产生有害影响的可能性。在管理环境影响时，首先考虑选取"重量级"的影响因素，即影响力大和关注度高的影响因素。

有多种应对潜在环境影响的策略，表 3-1 总结出了一些项目环境管理的战略和措施。

表 3-1　项目环境管理的战略和措施

策略	措施范例	要做的工作
满足要求 / 期望	扩大或调整项目范围，满足客户期望，例如增加工作成果	采用文档记录相应的措施，并将其转移到步骤 4 的工作成果列表中
完善观点	人员面对面对话，消除担忧并感受到将从项目中受益	采用文档记录相应的措施，并转移到步骤 6 的沟通计划中
	定期安排信息共享活动（共享信息并讨论交流、共享状态报告）	
	安排一次性信息发布活动（公开启动研讨会、发布信息并讨论、举办项目开放日）	
	进行项目营销以提高对项目的共同认识（参见步骤 6.3：规划项目营销）	
减少影响	项目开始时，在出现困难和冲突之前签署约束性协议，例如建立明确责任分工的 AKV 矩阵（任务、能力、责任矩阵），又称性能接口协议，VDMI 矩阵（责任、实施、合作、信息矩阵）或者 RASI 图（责任、批准、支持、通知图）	创建 AKV 矩阵并让所有相关人员确认
改善工作条件	尽可能改善工作环境使项目工作可以有效地进行，例如使员工齐心协力、减少干扰源、相关项目范围合二为一进行	直接实施措施，或者采用文档记录并转移到步骤 8 的工作包中
小规模措施，接受风险	—	记录风险并在步骤 7 评估

建议

要与利益相关者共同确定环境分析中的优先级。客观因素通常可以被视为项目基本恒定的边界条件，项目管理一般对此关注较少。归根结底，决定对错的总是具有影响力的利益相关者。

参考文献

Bär, C.; Fiege, J.; Weiß, M.: Anwendungsbezogenes Projektmanagement. Springer Vieweg, Berlin 2017

Carnegie Mellon University: CMMI® for Development, Version 1.3. November 2010

Gessler, M. (Hrsg.): Kompetenzbasiertes Projektmanagement (PM3) – Handbuch für die Projektarbeit, Qualifizierung und Zertifizierung, Band 1, 4. Auflage. GPM Deutsche Gesellschaft für Projektmanagement e. V., Nürnberg 2011

Herrmann, A.; Knauss, E.; Weißbach, R. (Hrsg.): Requirements Engineering und Projektmanagement. Springer, Berlin 2013

INCOSE: Systems Engineering Handbook: A Guide for System Life Cycle Processes and Activities, version 3.1.2007

Malik, F.: Management – Das A und O des Handwerks. Campus, Frankfurt 2007

Mayer, K.: Stakeholder im Projekt – trotz hoher Bedeutung oft nur intuitiv gesteuert. In: ProjektMagazin, Das Fachportal für Projektmanagement. Ausgabe 17, 2015

VDA QMC: Automotive SPICE 3.0. 2015

第4章
步骤 3：设计项目流程

产品是先前流程留下的足迹——经济学家杨凯（Kai Yang）

4.1 简介

做法、输入和输出

此规划步骤的做法

• 步骤 3.1：确定流程和责任。必须遵守哪些流程？在哪里描述？谁负责引入和审查流程？

• 步骤 3.2：检查流程并针对项目内容进行调整。哪些流程可不受限制？哪些流程必须适应项目要求？什么规则用于流程调整？

• 步骤 3.3：规划改进措施并在必要时制订项目特定规则。哪些措施可用于改进不完整和不一致的流程？哪些日常流程应该针对该项目进行调整？

• 步骤 3.4：与合作伙伴协调超出项目边界的流程。哪些流程超出了项目边界？特别是在客户、项目和供应商之间如何处理项目需求、变更机制和出现的问题？

此规划步骤的输入

• 明确的项目订单。

• 项目环境分析。

• 企业组织过程。

• 客户需求 / 流程。

• 供应商流程。

• 类似项目或早期项目的经验。

此规划步骤的输出

• 流程列表。

按项目定义来说，每个项目都是独一无二的。然而，在一个项目内部和不同的项目之间，在相同形式的开发项目中，许多流程都以近乎相同的方式重复进行。在汽车行业，重复性工作流程在整个产品生命周期中所占的比例很高。国际市场竞争的加剧和科学技术的飞跃，促进了产品不断地创新、制造和更新，这些都要在尽可能短的周期内进行。当今，工业生产已经是在紧凑、紧密和短暂的进程中进行。未来，产品开发的标准化程度也将成为一个具有决定性的竞争因素。开发流程将更加标准化，以提高整个价值创造链的效率。

但"流程"一词仍然难以被工程技术人员接受，或者只能被动地接受，在他们眼中，流程被视为是一种障碍，或者仅是管理层的工作。这主要是由于过去流程设计不合理带来的负面经验。然而，对于那些重复性的工作步骤，流程标准化是有其实际意义的，统一性的流程有助于避免对常见问题的重复性设计。这类日常例行工作完成得越顺利，就越有精力和时间处理新的和具有挑战性的工作任务。简而言之，日常运作不应该成为挑战！

通常，按照人们理想的思维，实现一个目标应该是始终按照相同的模式，遵循相同的顺序，进行重复性的活动。当然，其前提是流程对项目的成功做出了贡献，且不带来额外的负担。高质量的流程应该最佳地利用资源，释放出解决方案的空间。因此，高质量的流程都仅限于最低限度的规范，并且每一步骤都是面向实际需要和目标的增值活动，将工作成果永远作为焦点。

这里罗列出一些工程项目中经常出现的问题，可以了解哪些流程可考虑对其进行标准化。

- 产品开发的关键步骤是什么？
- 出现了问题怎么办？
- 客户想要对产品进行更改，如何处理？
- 已经报告了风险，应如何评估？
- 一名员工完成的工作成果，应该如何将其提供给其他项目成员？如何跟踪后续变化？

要注意的是，这一规划步骤与流程开发无关！企业一般并没有给出时间和预算来进行这项任务。这里主要是要确认完成项目所要求和需要的流程，认识到是否还有调整和改进的必要性。在项目规划范畴内，必须具体定义项目如何运作。有哪些基本流程？如何保证这些流程顺利进行？这里必须回答一些最基本的问题，比如项目是按照流程模型、敏捷式开发，还是按照传统流程进行。

项目流程必须反映在进一步的规划流程中。例如，产品创建/开发流程应在工作成果清单、项目结构计划和进度表中明确地表达和记录。这一规划步骤的结果可以记录在一个表格文件中，在此被称为流程列表（表 4-1）。它可以是项目手册的一部分。

在此规划步骤中，针对流程的改进和调整措施，以及在流程中引入工作、定期检查合规性，这些规划内容都应采用文档的方式予以记录。可暂时记录在未结问题列表中，随后将其转移到步骤 8 的工作包中。

表 4-1 流程列表

流程	项目介绍 / 负责人	流程描述 *	调整 *	工具	项目措施	涉及上级领导的工作
产品创建流程						
需求管理						
风险管理						
……						
特殊规则						

注：* 可以交叉性引用文件或信息。

 汽车工程项目的特殊性和挑战

•大规模批量化生产、不断发展和更新产品、行业竞争日益加剧、扩大国际市场和实现产品多样化，这些都越来越需要流水线制造生产，也越来越需要流水线式开发。

•标准化程度高。Automotive SPICE、CMMI 等认证以及 ISO 26262:2018 或 IATF 16949:2016 等标准，这些标准化文件已规范了汽车产品开发中的许多流程。

•流程规范通常被视为项目实际工作必须遵守的准则，管理人员要有一定的流程满意度，这正是不成熟或未充分制订的流程所导致的。

•几乎每个企业都致力于标准化和改进流程。通常在流程工作上投入了大量资金，但在实际中的推出、落实和维护却被轻视和低估，甚至被忽略。

•一般供应商只有在满足一定的流程标准（供应商选择、工艺规范）才能获得整车制造企业（OEM）的认可。

4.2 / 确定流程和责任

必须确定并记录项目中将要遵循的流程。流程规定的典型内容如下。

- 企业自身的组织流程。
- 利益相关者的需求，尤其是客户的需求。
- 汽车行业的认证（例如 Automotive SPICE 或 CMMI for Development）以及标准（例如 IATF 16949 或 ISO 26262）。

企业中负责流程管理的经理应参与和明确必要的流程。

项目必须在很大程度上基于企业本身的流程。每个组织部门都有责任确保其流程符合规范和标准。通过企业组织有效的流程管理，确保各个组织的流程质量。一般难以获得财务预算以弥补项目中的流程缺陷，而且项目也没有时间和必要经费来进行流程开发——这的确也不是项目订单的内容。

以下是流程工作范围的示例，这些在许多流程中已标准化，用于实际的项目工作中。

- 产品创建。
- 项目管理。
- 询问和报价管理。
- 风险管理（风险管理规划）。
- 需求管理。
- 变更管理。
- 配置管理。
- 问题解决管理。
- 产品发布。

Automotive SPICE（参见 Automotive SPICE 2017 的第 3.1 章）更全面地介绍了汽车工程的流程和流程划分。Automotive SPICE 是在欧洲广泛使用的汽车行业软件开发标准。除此之外，它定义了流程和流程领域，这通常可作为设计各自企业特定流程的基础。Automotive SPICE 中的流程可用作定向和参照内容。

针对每个具体流程，必须确定项目团队中谁负责引入流程、监督流程的遵守情况。即使企业组织中已经任命了对此负责的流程经理，但仍建议在项目团队内部确定一名负责人，这名负责人在项目团队内部更直接地做出决策，并有效地监督流程。

同样，流程描述必须根据当前有效的版本命名，进行文档记录并提供给项目团队。

在此规划步骤中，还将定义和落实要在各个流程中使用的工具。

4.3　检查流程并针对项目内容进行调整

对每个流程都必须对其内容进行检查。在最好的情况下，现有的流程可直接使用而无须做出更改。但是，如果流程定义和项目要求之间存在较大差异，则必须针对项目进行必要和可能的调整或改进。在必须要采取改进措施的情况下，还必须确定这些措施是否可以真正在项目中予以实施，或者是否必须向上级领导组织建议采取进一步的措施。调整措施还必须与企业中负责流程的经理协调。调整规则通常根据项目规模或产品类别确定。对现有流程的任何调整都应记录在案。

在步骤 3 中，要汇总所选定的流程，并列出一个流程清单，这可对项目流程一目了然，便于管理和查询，以及在审查时提出正确的问题。

建议　要保证从项目第一天起就已经具备了需要的流程，至少在项目开始之前就定义出其基本特征。这包括所有涉及的项目规划（例如产品开发过程）或者项目初始阶段要定义的流程，以避免后续出现不一致性。其中特别要包括需求管理、风险管理、变更管理和配置管理。

4.4　规划改进措施并在必要时制订项目特定规则

如果流程不完整或不一致，则必须在项目中规划改进措施，或向上级领导提出修改要求。

如果发现流程有重大缺陷，则必须向组织领导汇报，请求其准许采取相应的措施。可以针对项目以大纲的形式定义其基本流程。通常，简单的流程图（图 4-1）或功能图（AKV 矩阵、VDMI 矩阵）均适用于此。

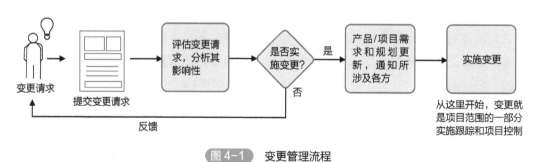

图 4-1　变更管理流程

对因流程不完整或不一致而可能导致的风险必须要以文档的形式记录下来，以便今后在风险管理中进行处理。通常，重要的日常性工作在流程中并不受到监管，例如工作时间记录、放假计划或工作经验记录，这都要根据具体项目定义为标准化形式，并使其对整个项目团队公开透明。例如，这种项目规则可以非正式地记录在项目手册中。

建议　过去有哪些项目流程存在问题？在类似的项目或早期项目阶段中是否有已知的问题？这些都可以作为流程改进的内容。

4.5　与合作伙伴协调超出项目边界的流程

超出项目边界的流程都应与项目中利益相关者进行商讨，以保证流程正确地进行。

客户、项目和供应商之间的需求管理、变更管理和问题管理流程都起着关键性的作用。如何交换需求信息及其实际状态？如何提交更改和处理更改？如何报告所出现的问题？如何以可追溯的方式对其进行处理？应该使用哪些工具？项目环境分析的结果可以向合作伙伴提供这类重要的信息。

如果在初始项目规划阶段还没有足够的时间来调整流程，则必须注意以文档记录下相应的措施（例如使用未结问题列表），并在项目实施期间计划其具体实施（比如步骤 8 的工作包）。

4.6　检查清单

检查清单见表 4-2 ~ 表 4-9。

表 4-2　产品创建 / 开发流程检查清单

检查清单：产品创建 / 开发流程	
定义产品创建 / 开发的流程	
是否定义了流程模型（V 模型、敏捷开发等）？	☐
是否定义了开发阶段和里程碑（成熟度水平、决策门、质量门）？	☐
是否定义了标准化的工作成果？	☐
是否定义了生成工作成果的工作步骤？	☐
是否定义了由谁（哪个角色）负责哪项工作成果？	☐
是否为每个工作步骤定义了必要的前提条件（输入）？	☐
是否考虑了 Automotive SPICE 的要求 / 工作成果？	☐
是否将 ISO 26262: 2018《道路车辆—功能安全》考虑在内？	☐
是否考虑了 IATF 16949 的要求？	☐

表 4-3 配置管理规划检查清单

检查清单：配置管理规划	
确定如何确保工作成果的完整性	
是否定义了谁负责配置管理？ 角色：配置管理经理	☐
是否定义了配置项？ 例如原型、硬件、软件和文件等所有必需的工作成果（提示：可交付成果的完整列表 在步骤 4 中）	☐
是否定义了工作成果的归档方式？ 例如存储位置、文件夹结构、工具	☐
是否定义了数据传输路径及其操作管理？ 数据交换门户、共享存储位置、加密数据载体	☐
是否定义了工作成果的统一命名方式（命名约定）？	☐
是否定义了工作产品的生命周期？工作成果经历了哪些成熟阶段（状态）？ 例如草稿、进行中、已发布、已过时	☐
是否定义了发布 / 样品阶段的统一命名？	☐
工作成果的版本是否受到监管？ 版本号和更改历史	☐
是否能够确保防止篡改工作成果？ 访问权限、自动提取和更改	☐
是否定义了用于处理、保存和备份工作成果的工具？	☐
是否知道如何分配访问权限，以及就工具出现的问题与谁联系进行咨询？	☐
是否定义了何时创建项目基线，以及其中必须包含哪些工作成果？	☐
是否已经明确了变更管理（分支和合并策略）？	☐

表 4-4 需求管理流程检查清单

检查清单：需求管理流程	
定义通常进行需求管理要处理的内容	
是否定义了谁负责确定、制订、批准、审查和确认需求的正确实施？	☐
是否定义了处理需求所需的工具？	☐
是否明确了需要哪些需求文件（工作成果）？ 例如需求规范、功能规范、功能和技术安全概念、软件规范、测试规范 是否定义了需求文档的内容结构？ 是否定义了需求文档之间的依赖关系？ 是否为整个项目统一定义了需求的属性？	☐
是否定义了处理需求的流程？ 如何与客户就需求问题进行协调？涉及哪些内部专业部门（学科）？	☐

（续）

检查清单：需求管理流程	
定义通常进行需求管理要处理的内容	
是否定义了需求的"简历"？ 为需求定义了哪些状态？ 例如"新建""已分析""接受 / 拒绝""实现中""验证中""已实施"	☐
来自利益相关者的需求是否直到取得工作成果和测试结果（确认正确实施）都可以保证其可追溯性？	☐

表 4-5　风险管理规划检查清单

检查清单：风险管理规划	
一般性的风险处理内容	
是否已定义了由谁负责识别、评估和监控风险？	☐
是否规定了何时系统地检查和评估风险？ 例如在项目规划中，在每个新项目阶段之前，每月，第二次、第三次…… 项目会议 必须在什么时间重新评估风险？	☐
是否已定义如何以文档记录风险及其"处理"？	☐
是否定义了风险管理方法？ 风险工具、头脑风暴研讨会、故障模式和影响分析、风险清单 例如软件工程研究所（SEI）的风险识别清单（参见 SEI 1993）	☐
是否已定义了评估风险影响范围和发生概率的客观标准？	☐
是否定义了处理已识别风险的策略？ 例如，根据风险级别（可接受并继续观察、需计划预防措施、需计划纠正措施）制定策略	☐
是否有风险管理预算（用于识别和评估以及用于采取措施）？	☐
是否定义了汇报风险的机制？	☐

表 4-6　质量管理规划检查清单

检查清单：质量管理规划	
确定应该如何确保项目的质量	
是否定义了质量？ 如何衡量质量？是否定义了质量目标？	☐
是否明确了谁负责项目中工作成果的质量？	☐
是否定义了谁控制质量以及如何控制质量？ 包括测试、产品审查、过程评估、审核、随机样本	☐
是否定义了质量目标未达到时该怎么做？	☐
是否定义了如何记录和报告项目中的质量进度？ 对于项目中每个所需的工作成果，在汇报时间点，其实际质量状况要一目了然！	☐

表 4-7 问题解决过程检查清单

检查清单：问题解决过程	
定义问题的基本处理方法	
是否已定义了由谁对项目中的问题解决过程负责任？	☐
是否已定义在哪些工具和模板中记录、分析和归档问题？ 模板至少应涉及以下问题。 　1. 分析部分 　• 谁注意到了这个问题？什么时候？ 　• 目前情况如何？（描述偏离目标的程度） 　• 哪些工作成果或项目目标受到影响？ 　• 期望的目标状态是什么？它是正确的吗？ 　• 原因是什么？ 　提示：原因分析用于寻找解决方案并避免重复错误，而不是指责。 　2. 解决方案部分 　• 如何达到预期的目标状态？ 　• 提议的解决方案对成本、截止日期、服务范围的影响如何？ 　• 决定采取哪种解决方案？	☐
是否为处理问题定义了标准化流程？ 例如下面的 8D 报告流程： 1）D1 组建团队解决问题 2）D2 描述问题 3）D3 定义应急措施 4）D4 确定错误的原因 5）D5 计划补救措施 6）D6 引入纠正措施 7）D7 防止错误再次发生 8）D8 认可团队的努力	☐

表 4-8 定义变更的基本处理内容检查清单

检查清单：定义变更的基本处理内容	
定义 　• 谁可以提交修改？ 　• 谁必须评估变更的影响？ 　• 谁必须批准变更？	☐
是否定义了何时以及出于何种目的进行更改？ 例如更改需求、项目目标、项目范围和完成时的工作成果	☐
是否定义了变更类型？ 例如故障排除 / 问题解决、客户变更请求、适应、改进等	☐
是否定义了谁监控产品终止说明（Product Termination Notes，PTN），并且必须提交适当的修改？ 有关信息请参阅 VDA 建议 605 "汽车售后市场电子元器件的淘汰管理"（参见 VDA 2012）	☐

（续）

检查清单：定义变更的基本处理内容	
是否定义了在哪些工具和模板中记录、描述和归档变更请求？ 变更请求的描述应至少包含以下信息： • 变更请求的识别号和定义 • 申请人姓名和申请日期 • 描述实际状态 • 请求原因（问题、新需求等） • 说明是否预计会进行预算调整以及谁会／应该承担实施成本 • 期望的实施日期 • 要更改的配置状态或版本 • 是否接受变更请求的反馈日期和中间结果的描述（规范、实施、验证、文档等）	☐
是否定义了变更"履历"？例如"新建""分析中""拒绝／实现中""验证中""已实施"	☐
是否定义了如何记录和抵消变更请求的成本费用？	☐
是否明确了如何记录和抵消变更请求的成本费用？ 变更管理与报价的准备和谈判是否充分关联？	☐
是否定义了标准化的影响分析？包括以下内容： • 必须对每个变更方案的哪些方面进行评估？ • 谁必须进行影响分析？ • 如何记录影响分析的结果？ • 在影响分析本身会导致高成本或延迟项目进度的情况下，如何处理复杂的变更请求？ 影响分析一般应包括以下几个方面： ● **受影响的项目范围** 哪些工作成果（子系统、模块、组件、文档等）和工作包受到影响？产品生命周期中的哪些阶段受到影响（产品策划、设计、生产、售后服务等）？产品变体或产品平台是否也受到影响？ ● **项目组织** 哪些部门或专业领域受到变更的影响？ 谁需要了解变更？ ● **技术要求** 功能要求或产品特性在多大程度上受到影响？ 产品的可靠性或功能安全性在多大程度上受到影响？ ● **可测试性** 如何确认变更是否正确实施？ 是否必须重复验证或确认范围？ ● **可行性** 人员的可用性和可用资源是否足以实施变更？ ● **时间** 何时可以实施和确认变更？	☐

（续）

检查清单：定义变更的基本处理内容	
●成本 实施变更需要多少成本（包括影响分析和确认）？ ●变更的优先级 变更是"值得拥有"还是"必须拥有"？	☐
是否定义了如何记录变更决策？ 日期、决策者、参与者、接受或拒绝变更的原因等	☐
变更请求和变更后的工作成果之间的可追溯性是否得到保证？	☐

表 4-9　项目运行规则检查清单

检查清单：项目运行规则	
为重要的日常性项目流程定义特定规则	
工作时间度量 • 何时 / 多久？ • 详细程度如何？工作量应分解为哪些项目结构要素？ • 用什么工具？ • 汇报的"计划截止日期"是什么时候（以便及时支付费用）？ • 是否有审批流程？（如果项目经理负责成本，他必须有机会检查和批准项目中的时间要求，或者给予拒绝）	☐
经验保证（经验学习） • 如何为未来的项目记录经验？包括结构、模板、存储位置等 • 何时系统地收集经验？包括计划中的研讨会、正在进行中等 • 如何获取以前项目的经验？	☐
员工休假计划 • 应该与谁协调休假计划？ • 是否有项目成员缺席较长时间（列出休假清单）？ • 是否制订了代表性的规章制度？	☐

参考文献

Carnegie Mellon University: CMMI® for Development, Version 1.3. November 2010

DIN EN ISO 9001:2015: Qualitätsmanagementsysteme – Anforderungen. Beuth, Berlin 2015

DIN 69901:2009: Projektmanagement – Projektmanagementsysteme. Beuth, Berlin 2009

Hab, G.; Wagner, R.: Projektmanagement in der Automobilindustrie, 4. Auflage. Springer Gabler, Wiesbaden 2013

Herrmann, A.; Knauss, E.; Weißbach, R. (Hrsg.): Requirements Engineering und Projektmanagement. Springer, Berlin 2013

IATF 16949:2016: Qualitätsmanagement System-Standard der Automobilindustrie, Erste Ausgabe, 1. Oktober 2016. VDA-QMC

INCOSE: Systems Engineering Handbook: A Guide for System Life Cycle Processes and Activities, version 3.1. 2007

ISO 26262:2011: Road vehicles – Functional safety

Kuster, J.: Handbuch Projektmanagement, 3. Auflage. Springer, Heidelberg 2011

Müller, M.; Hörmann, K.; Dittmann, L.; Zimmer, J.: Automotive SPICE in der Praxis: Interpretationshilfe für Anwender und Assessoren, dpunkt, Heidelberg 2007

Project Management Institute: A guide to the project management body of knowledge: PMBOK® guide 3rd Edition. Project Management Institute, Pennsylvania 2004

Software Engineering Institute (SEI): Taxonomy-Based Risk Identification, 1993.

http://www.sei.cmu.edu/reports/93tr006.pdf, zuletzt abgerufen am 29.10.2017

VDA-Empfehlung 605: „Auslaufmanagement von Elektronikkomponenten im Automotive Aftermarket". Verband der Automobilindustrie (VDA), 2012. Verfügbar unter: https://www.vda.de/dam/vda/publications/1332415294_de_1728828232.pdf, zuletzt abgerufen am 29.10.2017

VDA QMC: Automotive SPICE 3.0. 2015. Verfügbar unter: http://www.automotivespice.com/fileadmin/software-download/Automotive_SPICE_PAM_30.pdf, zuletzt abgerufen am 29.10.2017

ZVEI – Zentralverband Elektrotechnik- und Elektronikindustrie e. V.: Leitfaden Archivierung von Dokumenten für Hersteller, Lieferanten und Anwender von Elektronischen Bauelementen und Baugruppen, Frankfurt 2009

第5章
步骤4：确定工作成果并制订发布计划

行为可被遗忘，但结果仍将存在——古
罗马诗人奥维德（Ovid）

5.1 / 简介

  做法、输入和输出

此规划步骤的做法

• 步骤4.1：确定所需的工作成果。订单给予者和客户需要什么样的工作成果？另外还有哪些工作成果也是所需要的（例如内部流程所要求的）？如何划分工作成果？

• 步骤4.2：制订发布计划。什么时候应该交付什么工作成果？工作成果可以汇总到哪些交付部分？

此规划步骤的输入

• 项目订单。

• 规格、其他相关文件。

• 报价和预订订单。

• 项目环境分析。

• 流程规划。

• 标准和法律规范。

• 与客户协调发布计划。

此规划步骤的输出

• 工作成果和发布计划列表。

所期望的项目结果通常由许多单独的工作成果组成（图 5-1），它们源自产品和项目需求。企业增值创造生成的工作成果，即按照合同完成向客户做的承诺，并使企业能获得经营收益，这些就是在项目规划中必须确定所有要获得的工作成果，包括增值的和非增值的。工作成果清单是项目计划和控制中最为关键的指标，它构成了所有后续规划步骤的基础，尤其是企业项目组织、项目结构计划以及工作量和成本估算。基于相关的客户需求分析，创建此工作成果列表所涉及的工作量可能非常大，可能需要数周时间。需求管理和项目管理必须紧密合作。

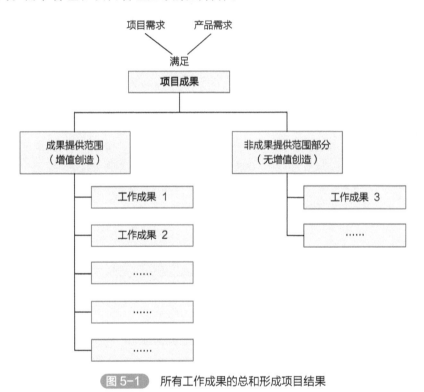

图 5-1 所有工作成果的总和形成项目结果

在发布计划中，工作成果被组合成一个交付包，简称发布（Release）。这是部分性交付项目成果，目的是获得客户验收，以尽早获得客户对工作成果的评价和接受程度的反馈。此外，大多数汽车产品非常复杂，以至于订单需求或工作成果只能通过多个开发循环（发布）逐步地给予实现。从内容上讲，发布计划定义了哪些工作成果将在哪个发布中实施。

这里的工作重点放在产品上，产品被分解为多个产品功能，一个功能可由一个或多个组件实现；反之亦然，也有一个组件可实现多个功能。无论如何可将多个功能作为工作成果进行发布。产品特性是指产品的功能和性能特点，可按照产品特性将产品需求进行划分组合。

发布

　　一个发布其实是预定义的部分项目结果，用于提交给客户或其他利益相关者。每个发布都是在其定义范围内所商定的工作成果。一个发布表达了某项目阶段所获得的工作成果、相关的批准活动和产品里程碑。在敏捷项目管理中，一个发布被分成几个迭代或冲刺。

 敏捷项目管理中的迭代过程

　　在敏捷项目管理中，所追求的目标就是尽可能在短期内发布中间工作成果。一个发布包含一个或多个在迭代或冲刺中开发出的增量（部分成果）。首先将客户需求收集在一个产品待办列表（Product Backlog）中，又称产品需求优先级列表，然后从中选择出优先需求，并付诸实施，用于当前的发布或之后的发布版本。

　　德国计算机学家 Bernd Oestereich 和软件工程师 Christian Weiss 在《敏捷项目管理》一书中写道：在迭代过程中，一个项目被划分为相似的、重复性的时间单元，即所谓的迭代。在这个原则意义上，迭代都是相似的，都总是在进行相同类型的活动，主要是分析、实现和测试。只有在内容方面，每次迭代都有不同的重点，即承接新的项目需求（参见参考文献 Oestereich，Weiss 2008）。

 汽车工程项目的特殊性和挑战

　　•汽车产品通常由非机械硬件、软件和机械部分组成。在一个项目中，这三个产品组件具有各自特定的工作成果和发布周期。

　　•产品开发通常按照样品阶段（A、B、C 和 D 样品）划分，每个阶段都代表一个 V 模型循环。工作成果在 V 周期结束时发布。特别受到敏捷开发方法的影响，软件发布越来越多地要求在更短的时间内交付。

　　•客户期望的工作成果在产品规范和相关文件中进行了具体描述。这些可能包含对产品和项目的数千个要求。为了能确定和划分工作范围，就必须对这些进行商议、分析和评估。

　　•在许多项目中，并非所有要求的工作成果在一开始就都是明确的。项目的实际范围是随着项目进展逐渐地变得清晰明确，即所谓的项目范围蔓延。

　　•在实际项目工作活动中，关注的中心是工作包，而不是工作成果。

　　•在很多项目中，不增值的工作成果所占比例过高。任务过于繁重或过时的流程规范通常导致了这样的工作成果。而这对企业效益或客户满意度其实没有任何贡献。

项目管理和需求管理

项目管理和需求管理通过订单需求相互关联。当谈论到所有订单需求时，不仅包括产品需求，还包括项目需求。请记住：项目目标是由产品需求和项目需求两部分组成的，只有同时了解二者，一个项目规划才可以被认为是充分完整的。

只有当每个订单需求都可以被分配给至少一个工作成果和至少一个工作包时，才能检查一个项目规划的真实覆盖程度。这里关键的因素是可追溯性（Traceability）。可追溯性保证从订单需求到工作包的整个项目规划都可追踪其状态（图 5-2）。为此，可以使用一个记录表，又称为需求跟踪矩阵（Requirements Traceability Matrix），借助需求管理工具直接地予以实现。为了获得双向可追溯性，还必须指定在每个工作成果和每个工作包中所要实现的需求。

毕加索曾经说过：简单化都是以努力工作为代价的。在整个项目执行过程中创建和维护完全可追溯性在需求管理中是一个主要的挑战，而且由于一个需求可以出现在多项工作中，这使项目管理变得更加困难，反之亦然。当然，可以在一个工作成果中实现多个需求，这就是一种多对多的关系（$m:n$ 关系），这为专业化的项目管理提供了以下一些不可多得的益处。

1）降低了在规划中可能忽略需求的风险。

2）可以确定需求在规划和项目实施中的"覆盖程度"。

3）项目规划、需求管理、风险管理和变更管理可以相互关联。这样就可以迅速、完整地记录决策、变更或风险带来的影响。

国际著名需求工程学家 A. Herrmann 在其《需求工程和项目管理》一书中指出：始终如一、完整地记录这些关系，使其保持在最新的状态，这需要付出相当大的努力。同时，可追溯性只有与实际保持一致并不断维护时，才有其真正的意义。此外，这本书还写道：必须始终清楚在哪个项目结构计划元素中，例如子项目、工作包、流程，具体落实了哪个需求；反之亦然，即哪个项目结构计划元素对应于哪个需求。是否能够将每个需求实际对应到单个工作包，这取决于需求规范、工作包级别和细化程度（参见参考文献 Herrmann et al. 2013）。

巧妙设计的需求划分有助于将项目规划和管理的工作量均保持在合理范围内。如果需求和项目结构匹配，则整个需求组合就可以链接到工作成果、发布和工作包。这就显著地减少了保证可追溯性所需的工作量。在这里，标准化的开发流程是成功的关键。

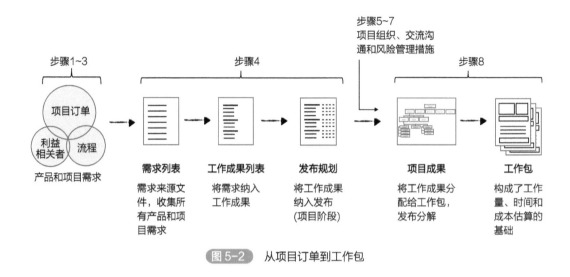

图 5-2　从项目订单到工作包

5.2／ 确定所需的工作成果

　　该子步骤的结果是一个工作成果列表，即一个将在项目中创建的所有工作成果的结构化表格。对该子步骤推荐的做法如下。

- 识别需求来源。
- 列出所有需求。
- 将每个需求分配到一个或多个工作成果中。
- 列出和划分工作成果。

提示

　　从现有产品和项目需求中推导和创建工作成果，这一任务通常可以分配给需求管理人员。

　　第一，识别需求来源。首先必须识别产品和项目需求的所有信息来源。谁或在哪个文件中对项目要求的工作成果提出了需求？初始需求来源可以是项目订单、报价和预订订单、规范和其他相关文件。客户和订单给予者提出了对工作成果以及流程规范（产品创建流程、开发流程）要求。就此，还可以找出行业规范、标准或法律要求，以确认进一步的工作成果。项目环境分析的结果也可以提供更多需求信息。

　　第二，列出所有需求。必须从上述来源材料中提取需求。建议将所有需求都收集在一个文档或工具中，并创建一个需求列表。

　　第三，将每个需求分配到一个或多个工作成果中。在需求分析中，每个需求（或一组需求）必须分配到一个或多个工作成果中。工作成果可以是产品、组件和产品功能，或其他用于记录和证实工作成果的文件。以下两点有助于这项工作。

- 一个现有的产品特性或基于组件的产品结构划分，可用于划分相应的产品需求。
- 一个标准化的项目结构定义了基本的工作成果。

此子步骤可确保从产品需求到工作成果的可追溯性，在理想情况下，应直接使用需求管理工具完成。这一步通常必须与下一步互动，以划分和列出工作成果。

 　　一个跨项目且统一的项目结构可以显著地减少规划工作！但关键还是项目结构标准化。

　　第四，列出和划分工作成果。在需求分析中所确定的工作成果必须要汇总和划分，并明确地描述和记录在文档中，例如记录在工作成果列表中（图 5-3）。因为汽车

工作成果列表
A. 发布/阶段相关的可交付成果

　　1. 组件和产品特性
　　系统
　　　特性 1、特性2等
　　机械部件
　　　箱体、箱盖、密封件等
　　非机械硬件
　　　电路板：布局、电路、制造等
　　软件
　　　应用软件：转角控制、转速监控等
　　　Autosar RTE
　　　基础软件: MCAL、SL等

　　2. 跨组件和特性的工作成果
　　系统
　　　分析、评估和商定利益相关者需求
　　　系统需求
　　　系统架构
　　　技术手册
　　　技术安全方案
　　　安全计划
　　　……
　　机械部件
　　　力学要求、结构、模块等
　　非机械硬件
　　　硬件要求、硬件架构、方案等
　　软件
　　　软件要求、软件架构、硬件与
　　　软件的接口等

B. 发布/跨阶段的工作成果

　　营销
　　采购与供应商管理
　　支持流程
　　控制
　　生产准备
　　项目管理
　　　初步项目规划
　　　项目订单（指定）

图 5-3 可交付成果列表

工程项目通常需要大量非常不同的工作成果（通常可达数百个），所以要进行必不可少的归类划分。

工作成果可以按照不同的标准进行分类，可根据产品结构（产品特性、组件）、项目结构（项目阶段、产品成熟度级别、开发过程中的里程碑、专业部门或学科）以及优先级。

工作成果的划分有助于后面的项目结构化工作（步骤 8 工作结构化）。应该将要交付给客户的工作成果（可交付成果）在列表中清晰地予以列出，并突出强调显示。

建议

· 验证工作可能占据项目工作中的很大一部分时间。因此，在确定工作成果时，就应该有一个至少是粗略的验证计划，应该为每个需求组合都定义可保障需求正确实施的确认流程，以及应该如何确认项目的正确实施，例如审查、试验台测试、车辆测试、目视检查等。

· 可以根据需要扩展工作成果列表的内容，例如负责人、实施规范、优先级或现在所处状态，以在项目实施期间可跟踪其实际信息。

· Automotive SPICE 中的流程结构也可用于构建工作成果。其中包含软件工程流程组的划分，建议可将其类似地扩展到其他专业领域，例如机械部分或硬件开发。

提示

不要低估需求中所引用的工作范围的标准、规范或其他相关文件。一方面，对它们的分析通常需要大量的工作；另一方面，它们往往还包含对额外工作成果的要求。

汽车工程项目中典型的工作成果

· 批量生产的产品（产品功能和组件的总和）。

· 产品原型（样品）。

· 产品组件：产品功能、组件（模块、子系统）、软件、非机械硬件、机械。

· 产品描述、技术手册。

· 应用图表和配置参数。

· 包装和物流方案。

· 规范文件。

· 设计文件（系统架构、软件架构等）。

· 测试计划。

· 测试报告（系统、组件、集成、电磁兼容性测试等）。

·验证功能安全的工作成果符合 ISO 26262:2018《道路车辆—功能安全》（危害和风险分析、安全计划、功能安全概念等）。

·错误分析（失效模式与影响分析［FMEA］、故障树分析［FTA］、失效模式影响及其诊断分析［FMEDA］）。

·时间进度。

·配置管理计划。

·变更管理计划。

·项目状态报告。

·发布建议。

·生产指令。

·生产计划、工艺流程图。

·生产件批准程序（Production Part Approval Process，PPAP）文件。

·维护、修理和车间说明。

·质量证明（质量管理计划、审核日志、测试报告）。

·项目工作文件（例如会议记录）。

·项目基线，即项目计划的起点。

·其他成果。

 ISO 26262 标准的项目规划和功能安全

ISO 26262:2011《道路车辆—功能安全》标准列出了一百多种工作成果（又称工作产品），它们是确保和验证汽车系统功能安全所必需的或推荐的要求。

ISO 26262:2011《道路车辆—功能安全》部分摘录如下。

·安全计划。

·安全案例。

·功能安全评估计划。

·危害和风险分析。

·安全目标。

·功能安全概念。

·技术安全概念。

·开发接口协议（DIA）。

·供应商选择报告。

·变更管理计划。

·测试规范。

·测试计划。

·测试报告。

......

ISO 26262 标准定义有如此之多的产品需求和工作成果，以至于不可能完全在一个项目中简单地全部付诸实施，否则将超出项目预算和时间限制。但是这一标准必须整合到企业组织的流程中，ISO 26262 的工作成果必须是开发过程的一个组成部分，一般无需再额外创建工作成果。

有关工作结果的完整列表，请参见标准 ISO 26262 – 2~ISO 26262 – 9 附录 A 中的表 A.1。

5.3 制订发布计划

在发布计划中，每个相应的工作成果都被归纳到一个发布中。因此，发布计划就最终确定了各个项目阶段的工作范围。它可以以工作成果列表扩展的形式创建（表 5–1）。一般来说，可将跨越发布或跨越项目阶段的工作成果大致地分配给发布版本，稍后在时间规划（步骤 10）中就可以根据其他原则在时间上予以确定，例如将它们纳入项目里程碑。

要创建发布计划就必须与客户以及其他利益相关者就其实施流程进行协商。必须考虑客户提出的优先事项和发布级别，并要与项目团队可提供的资源能力保持一致。

工作成果之间的相互作用也会影响到发布计划，例如，通常必须首先创建基本框架，然后才能开发应用程序功能。

另外，成熟度规划是发布计划的一个重要组成部分，它应该反映在发布计划中，并且从项目一开始，每个项目参与者都应该清楚在哪个时间点将达到哪个预期的成熟度。这就要求明确定义每个成熟度，以免日后项目参与者可能出现的埋怨或失望。

发布也是项目中的重要里程碑。对于每一个发布的发布日期也应该有大致的规划，当然，在后期的日期规划时还可以调整。

发布规划的流程如下。

- 大致确定发布数量和发布日期。
- 粗略定义发布内容（意图），并明确命名每个发布。
- 将工作成果分配给发布版本。

系统化命名发布

建议　不要随意拟定发布名称，这个要求也适用于 V 模型周期和样品阶段。否则可能导致后期出现误解，甚至混乱。相反，要确保在项目开始时就明确如何为发布命名，在项目早期就规划主版本发布，发布名称一定要明确无误。

　　发布名称是发布管理、需求管理、调度和变更管理的连接元素，被视为一个确定且唯一的标识符。通常由字母和数字的组合组成，当然，图形甚至虚构的名称也可以考虑，如车辆等级、城市名称等，这类似于体育和其他领域。例如，谷歌公司将糖果行业的术语用于其 Android 版本，比如棒棒糖（Lollipop）、棉花糖（Marshmallow）、牛轧糖（Nougat）等；苹果公司经常选择具有个人特性的名称作为产品版本的内部名称，例如员工子女的名字。

　　重要的是，发布名称要能反映出版本控制（主版本号、次版本号、修订版号、内部版本号）机制。此外，它还应该标明发布的产品的成熟度（例如 A、B、C 样品等）。

　　图 5-4 展示了一个由软件、非机械硬件和机械部件组成的产品的发布名称。

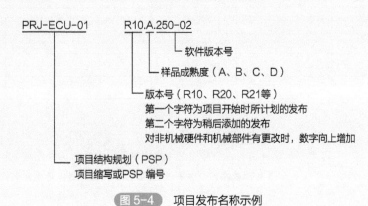

图 5-4　项目发布名称示例

表 5-1　工作成果和发布计划表示例

		发布 1	发布 2	发布 3
发布名称：		R10.A.100	R10.A.200	R10.B.300
发布意向：		方案确认	软件错误修复，实现 CAN 矩阵 v1.3	首次实车测试
发布日期：		4 月 18 日	9 月 18 日	2 月 1 日
A. 发布 / 阶段相关的工作产品				
1. 组件和产品特性				
系统				
特性 1	规格 ID 645 – 689	X		
特性 2	……	X		
特性 3	……			X
2. 跨组件和功能的可交付成果				
系统				
利益相关者需求	开发流程 SYS.1	X	X*	X*
系统要求	开发流程 SYS.2	X	X*	X*

（续）

		发布 1	发布 2	发布 3
系统架构	开发流程 SYS.3	X	X*	X*
……				

B. 跨越发布 / 阶段的工作成果

项目管理

初始项目规划

项目订单（精确的）	项目管理流程 xy	X	X*	X*
……				
……				

注：* 表示正在更新。

建议

- 与客户和项目团队逐个协调每个发布时间、交付的工作成果范围。什么时候必须交付？以什么形式和成熟度交付？要确保在每个成果交付之前对其进行质量审核，并且清楚知道由谁交付工作成果。交付范围内的所有工作成果应集中存档，并在交付后"冻结"其状态，以便今后仍可以追踪交付时间、内容和状态。
- 与客户明确每个发布版本（样品）是否需要向下兼容。但兼容性通常意味着额外的实施和测试工作。
- 确保项目中的所有功能都计划为"发布"，例如直到 B 样品。项目的最后阶段应该是故障排除、验证和确认。

参考文献

Brandstäter, J.: Agile IT-Projekte erfolgreich gestalten. Springer Fachmedien, Wiesbaden 2013

Carnegie Mellon University: CMMI® for Development, Version 1.3. November 2010

Herrmann, A.; Knauss, E.; Weißbach, R. (Hrsg.): Requirements Engineering und Projektmanagement. Springer, Berlin 2013

ISO 26262:2011: Road vehicles – Functional safety

Müller, M.; Hörmann, K.; Dittmann, L.; Zimmer, J.: Automotive SPICE in der Praxis: Interpretationshilfe für Anwender und Assessoren. dpunkt, Heidelberg 2007

Oestereich, B.; Weiss, C.: APM – Agiles Projektmanagement – Erfolgreiches Timeboxing für IT-Projekte. dpunkt, Heidelberg 2008

VDA QMC: Automotive SPICE 3.0. 2015

第6章

步骤5：组建项目团队

组织的目的是让人们的优势发挥作用，而让他们的劣势变得无关紧要——美国现代管理学之父彼德·德鲁克（Peter F. Drucker）

6.1 / 简介

做法、输入和输出

此规划步骤的做法

• 步骤5.1：粗略估计人员需求并检查其总体可用性。确认实施该项目需要什么样的团队、人员需要扮演什么角色、需要具备什么资格。

• 步骤5.2：创建项目组织结构图。确认项目各个角色之间应如何关联。

此规划步骤的输入

• 项目订单。

• 项目环境分析。

• 过程清单。

• 工作成果和发布规划清单。

• 早期项目阶段的项目结构规划、工作量估算和人员规划。

• 类似项目的经验。

• 与客户和上级领导的商议。

此规划步骤的输出（项目组织）

• 人员需求计划。

• 项目组织图和角色。

一个项目经理可以向足球教练学习到某些经验吗？在团队建设方面，足球教练与项目经理的情况相似，在很大程度上，他们都必须在预先确定的条件下工作。刚开始，教练通常都必须接管现有球队的全体成员，比如主力队员。球员在场上的位置在很大程度上是固定的，这也反映了各个队员擅长的角色和发挥专长的期望。足球俱乐部董事会希望在组建团队问题上拥有一定的发言权，这恰恰反映了管理层对球队声望和盈利的期望。而招聘新球员主要由教练个人决定。可见，组织和打造团队仍然是教练的重要任务。每一位优秀的教练都会竭尽全力地，建立团队并进行具体的日常训练安排；根据新的要求调整球队阵容，发现存在的弱点，并在必要时召集新的球员。在整个赛季，他都致力于组织球队阵容和完善球员之间的合作，如图 6-1 所示。

图 6-1 将项目组织理解为足球队组合

类似于一个足球队，项目组织的规划任务大致可以概括为两个：从战略上考虑团队成员组成以及每个成员应该安排在什么位置。

第一个问题涉及项目所需的各类角色及其相互关系，第二个问题就是分配员工所能承担的角色，这两个问题都可由项目组织结构图和相关角色定义来描述。

为此，必须首先大致估算人员需求情况，并检查企业现有人员的可用性。但这不同于足球队，因为这个时候项目组织结构尚未确定。

还必须考虑项目的边界条件和项目环境，例如员工的经验和兴趣、居住地点等。

在项目组织中还应该创建多个团队小组，给每个小组分配明确的任务范畴，连接这些团队工作的就是项目订单。

汽车工程项目的特殊性和挑战

- 项目组织的责任通常是由上级管理层和项目管理人员共同承担的（矩阵式组织结构）。
- 项目中的责任范围通常并没有得到充分定义。
- 项目经理没有以上级领导身份发布指令的权力。
- 项目团队往往人手不足。
- 项目成员频繁变动，成员突然离开给项目带来高风险。
- 项目团队很少一起大规模调动。员工通常居住在他们的所在地，并在当地参与项目。

 矩阵制组织结构

企业组织以不同结构形式进行责任分配和运营。在汽车行业中，矩阵制组织结构已经超越直线制和职能制组织结构。在这种组织形式中，将员工职能和责任分布在两个相互独立的维度上，即一个维度为企业组织中的上下级组织关系，另一个维度为针对具体项目/产品的管理人员。

上级管理层主要负责人事授权、发布纪律性指示，这更倾向于企业的长期运营，比如员工发展、培训、劳动安全等；而项目经理被授权发布技术性指示，其工作目标是确保项目/产品取得成功。一个员工在其上下级组织关系中拥有其固定的职位，但可在给定时间段上参与一个或多个项目工作，因此，他也是相应的项目组织中的一部分。

通常，这种职责的重叠会导致一些摩擦和目标冲突。在矩阵制组织建立之前，上级领导通常也会直接负责某些项目，这就解释了为什么许多企业中高层领导仍然大量参与项目活动。

企业中这类矩阵制组织结构可以有所不同，大致可分为以下两种。

弱矩阵制：这更接近于职能制项目组织。项目经理创建一个粗略的项目计划，并将相应的工作移交给专业部门。专业部门制订详细的项目计划，然后自行创建其工作成果。这里项目经理所承担的更多是一个协调角色。

强矩阵制：这更接近于项目制项目组织。项目经理拥有向项目员工发布技术性工作指令的权限。他为整个项目范围制订详细的项目计划，并负责处理日常事务和项目成果。而其上级领导一般不直接干预项目活动。

本章节的内容基于强矩阵制组织，但也适用于其他形式的组织。

敏捷项目管理中的项目组织

在敏捷项目管理中，重点是团队和个人的自身责任。敏捷宣言中的一个原则是：最好的架构、需求和设计出自组织的团队（参见参考文献 Cunningham et al. 2001）。这在很大程度上避免了传统项目管理中，项目团队内下属和上级间的等级式组织关系。

例如，在敏捷项目管理方法——迭代式增量软件开发流程（Scrum）中只定义了三个角色：敏捷专家（Scrum Master）、产品负责人（Product Owner）和开发团队（Development Team）。开发人员（开发团队）只接受产品负责人的指示，而敏捷专家则支持团队遵守开发过程规则。

通常，敏捷方法还要求团队成员仅专注参与一个项目，这就相当于一个项目制项目组织。这虽然很有工作效率，但是在企业日常工作中一般必须同时实施许多项目，仅专注于一个项目很难实现。敏捷的组织形式非常适合小型项目，使用 Scrum 方式，一个团队最多由九名项目成员组成，这使成员在能力和处事方面都能很好地协调。

哪种组织形式最适合一个具体项目，这不仅取决于团队的规模，还取决于至今仍可运行的工作方式。可以在 www.scrumguides.org 网站找到有关敏捷项目管理的更多介绍。

6.2 粗略估计人员需求并检查其总体可用性

必须在规划过程中尽早地估计人员需求，并上报上级领导组织。通过这种方式可以及早地验证项目在人员上的总体可用性，识别可能的人员资源短缺，并启动人员补充措施，例如招聘新员工、采用技能资格性措施或获取外部支持。在这一规划阶段，至少在初始项目规划中，还没有足够详细的信息来准确地估算项目工作量（规划工作包），这就必须采用"自上而下"的方式进行大致估算。在步骤 9 中可更为准确地进行"自下而上"的估计，随后在必要时仍可以修改更正。

在这一过程中需要上级领导和项目经理之间的良好组织关系和密切协调，避免因低估项目所需的人力资源，而随后不得不增补人员而导致双方发生矛盾。人员需求和其可使用性是构建项目组织时的两个决定性因素。

项目结构对于人员需求的估计至关重要！其中，工作成果的组合和发布计划构成估算的框架。一方面，必须要定性地确定人员需求，即实施项目需要哪些专业知识和特殊技能？另一方面是定量的，即什么时候需要多少具有相应能力和资格的员工？

这一步骤的最终结果就是人员需求计划（表 6-1）。人员需求计划列出了所需要的员工资质或要承担的角色，并大致提出了所需员工的数量。每个项目人员的工作重点和相应的关键性资质都必须反映在人员需求计划中。

通常，上级领导负责在项目运行期间确保人员在素质和数量上可满足项目需求。因此，所估计出的项目人员需求信息必须报告给上级管理层（团队领导、部门负责人），并与当前实际可提供调用的人员情况进行比较。要将对人员需求和可用性分析所生成的结果、必要的措施和可能出现的风险都记录在案。即使人员需求和可用性满足要求，但项目人员配备和调用也应由客户或上级领导层给予确认。

人员需求和其可调用性之间的偏差和矛盾都应视为项目风险，并要在步骤 7 中予以解决。例如，在人员需求计划中补充记录下列内容：专业部门对人员可用性大致进行了确认，人员需求与可用性之间事实上存在差距，要考虑在项目中采取一定的措施，可由上级管理层采取哪些措施，可能要面对的风险及其后果。

如果出现上述人员需求偏差，上级管理层和项目经理必须共同努力寻找解决方案。如果仍无法满足项目需求，项目经理必须明确地声明可能出现的负面结果，例如可能需要缩小项目范围或延期交付，要求计划替代方案和补救措施。在多数情况下，企业的上级管理层有权将项目内容外包、委托给自由职业者、提供资格培训措施，或扩招增加企业人员。

表 6-1　人员需求计划

岗位 / 角色	资格要求	专业 / 部门	人员需求（以人月为单位[①]）						
			1	2	3	4	5	6	……
软件设计师	Autosar 4.2	……							

①1 个人月（一个人一个月完成的工作量）对应 20 人日（一个人一天完成的工作量）。

在企业现实中，一般人员需求的突然性变化很少见。大多数项目的统计资料显示：人员需求的连续变化呈 S 形。在项目开始时，只需要少数高素质的员工，对人员的需求随着项目的进行而增加，在项目结束时又趋于减少。

新团队成员入职

将新员工介绍给团队并进行入职培训。这通常会导致整个团队的生产率降低。新员工上岗培训必须由项目团队本身承担，一般可由有经验的员工带领完成，因为只有项目团队对其项目细节和实情有足够的了解。还要考虑新员工的人数比例，以免项目进度因为新员工对工作不熟悉造成项目大幅度减缓，甚至完全停滞。

因此，通过增加新员工以在短时间内弥补人员短缺只能在有限的范围内进行。所以在引入这些措施时必须要予以重视，这还意味着现有项目团队需要付出额外的工作。就新员工熟悉业务的能力和任务适应性而言，一个新员工熟悉业务的时间可能要持续几天、几周甚至几个月，经过这一阶段后项目团队才能取得较以前更多的工作成就。

因此，补充人员并不总是有效的解决办法。在员工人数突然增加的情况下，必须考虑要对新员工进行充分的培训！作为一个项目经理，应该提前计划在新员工入职培训期间，如何安排和分配工作时间，以在项目中区别安排工作量，平衡新入职员工的成本和实际生产效益。

员工资质和岗位

员工所掌握的行业知识和专业技能通常也称为员工资质。要根据项目需求，将此分配给项目中所需的岗位和角色，在项目中对一个岗位要有明确的描述。必须明确定义每个岗位的职责，并且必须将其职责范围与其他岗位明确地划分开来。要让员工尽可能各自独立地工作，发挥每个员工所擅长的最大能力，将团队人员进行最佳配置。为了让每个员工都能够对项目做出贡献，首先必须知道何项工作能最大限度地发挥员工的专长。

大多数企业都已有对各类岗位的明确描述，可将这些与项目所需要的员工能力进行比较。一个项目经理应该检查以下内容。

- 岗位职责描述完整吗？
- 之前的项目是否因职责不明确而产生过误解？
- 客户、流程和标准是否还需要额外的岗位？
- 是否需要项目特定的资质或职责？是否需要建设新的岗位？

 汽车工程项目中人员的典型角色

- 系统开发人员（系统工程师）。
- 软件开发人员。
- 非机械硬件开发人员。
- 机械部分开发人员 / 设计人员。
- 需求经理。
- 测试工程师。
- 测试经理 *。

- 子项目经理（领导）*。
- 技术项目经理（领导）*。
- 项目经理（领导）*。
- 调度员 *。
- 质量经理 *。
- 功能安全经理（根据 ISO 26262－2:2011 中 6.4.2 安全管理中的角色和职责）*。
- 功能安全审查员、评估员、审核员（根据 ISO 26262－2:2011 中的表 1）。
- 配置经理 *。
- 变更经理 *。
- 难题解决经理（问题解决经理）*。
- 生产计划员（启动经理）*。
- 产品原型经理 / 模型制造商 *。
- 物流计划员。
- 控制 *。
- 销售 *。
- 采购 *。
- 驻地工程师。
- 监督人员。
- 产品经理 / 项目经理。

现在许多岗位描述都使用英语术语。重要的岗位（上述标"*"的岗位）构成了项目的核心团队，直接向项目经理汇报工作。

建议

- 在项目中一个人可以承担多个角色，但要避免将一个角色分给多个人！即使有明确的工作分工，结果也总会有介于两者之间、涉及双方的工作内容。在这种情况下，就可能会忽略某些工作，引发双方的误解和工作延误。当一个员工仅承担一个角色时，就应该始终只有一个组织层次的领导（例如项目经理）和一个辅助角色（例如项目管理助理）。

- 如果没有项目角色描述，则项目经理就要具体定义角色的责任范围，语言尽可能简洁明了。随着项目推进，可以对其内容进行改进和补充。

- 功能图（AKV、VDMI 矩阵）都可用于定义和界定项目中各个角色的任务。

- 是否考虑到了常驻工程师？常驻工程师是项目中一个关键角色。他作为在客户方的项目代表，与对方的项目人员建立个人关系，并且是第一个获得来自客户方关键项目信息的人。

适度的压力

　　很多企业在人员规划上都追求尽可能高的人员利用率。其结果就是许多项目往往不得不在缺少人员的情况下进行，看似项目在高效率地实施，然而长期性的项目人员短缺，对项目团队的工作效率所产生的负面影响多于正面影响。如果员工长期高负荷工作，工作质量将会逐渐下降，更容易失误出错，导致不可避免的返工，员工也将筋疲力尽或精神沮丧。持续性项目压力导致更多的成果交付时间延迟。除此之外，每个项目都存在造成员工离职、换岗和情绪波动的风险。

　　如果项目团队计划的人员较多，则可以很快填补空缺岗位。如果企业自己有称职人员，则无须招聘新员工，也无须耗时进行上岗培训，或寻求费用昂贵的外部支持。这就要鼓励员工跳出自己的思维框架，培养彼此之间的关系，并确定任务优先级，挖掘出改进工作的潜力。员工之间的思想交流和技术转让，甚至跨越项目本身，都是可能实现的。

　　项目人员通常是有感受、思维和承受能力的，传统的计件性工作并不能激发他们的工作乐趣。通常人在适度压力下，其认知表现更为出色，工作效率可能更高，当然，不能是任务不堪重负。从理论上讲，早在 1908 年，心理学家耶克斯（Yerkes）和多德森（Dodsen）就描述了精神压力和表现之间的关系。项目定性和定量的轻微压力，可能也是项目成功的最佳要素之一。

6.3 创建项目组织结构图

　　一旦大致明确了人员需求和可用性，并定义了人员在项目中的角色，就可以建立这些项目角色之间的相互关联。在传统项目中，这是通过定义层级来完成的，即上下级关系。典型的层级结构从上到下是项目管理层、子项目管理和项目人员。当今，项目的组织结构可以是混合式的，有的团队以层级方式组织，有的团队以敏捷方式组织，这种现象很常见。

　　项目经理应为项目组织结构图提供现有的参考模板，并至少将项目组织定义到子项目管理级别。项目组织结构图可以由计划小组、子项目经理或上级领导组织来完成。

　　如果项目成员已确定，就可将项目成员的具体信息在组织结构图中指明，明确作为一个团队的组成。可以为空缺人员填入一个占位符，比如"某某"，最后确定人员。完成项目团队构建是在第 10 个步骤：制订时间规划。

　　可以用图形（图 6-2）或表格形式创建项目组织结构图，尤其是对有许多人员参与的项目。表格形式更为清晰且易于维护，也可用作员工列表（表 6-2），在项目期间对项目员工（现任和离开）现状有个总体的了解，当然还可加入其他项目组织信息，例如员工的休假计划、代理人，项目特定的资格认证计划或文档访问权限。

不少项目管理人员已经在使用项目管理软件工具，比如 Microsoft Project，这样就可直接用软件工具创建组织结构图和员工列表。这种方式可以减少项目中所使用的其他工具和文档数量。

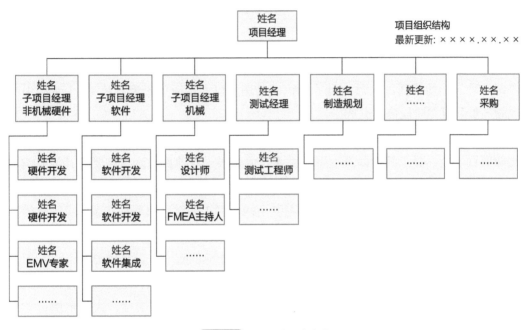

图 6-2　项目人员组织图

一个项目经理的素质不仅取决于其计划能力，而且取决于其获取资源的本领。每个项目都要争夺的专家、干将和人才是谁？项目经理必须积极地从其上级领导所掌管的员工中为项目赢得这类人力资源。当然，他必须要证明，为什么这个项目需要这些员工。最好的依据就是能罗列出对项目、部门乃至企业的盈利收益。

表 6-2　项目人员名单

姓名	岗位 / 角色	加入项目时间	离开项目时间	联系方式	代理人	……

> •调整每个项目阶段的团队组织。每个项目阶段（采购、开发、测试、生产阶段等）对项目组织都有不同的工作重点和任务要求。
> •记住落实团队建设计划措施，并尽可能确保在项目的最初几天和几周内参与人员有足够的时间相互认识和了解。例如，如果项目情况允许，可以在前几周多举行几次项目会议。
> •特别注意项目中关键岗位的员工可用性，这些员工可能还参与了其他项目，所以要计划其缺勤情况，尽早寻找和任命可替代人员（代理工作）。

评估项目组织结构的标准如下。

1）**完整性**。组织结构图涉及在当前项目阶段，按照所承担的项目任务（工作包、协调）确定的所需要的项目成员。组织结构图可以而且应该最迟在第 10 个步骤中的规划人员和资源阶段修改完成。

2）**明确性**。组织结构图仅限于最基本的组织要素，包含有必不可少的人员信息，比如项目角色、员工姓名以及上下级关系，但仅限于该项目团队，不要与其他组织单位混为一谈，例如上级领导、相关项目或客户组织机构。

3）**唯一性**。项目成员作为下级，与其上级 1 对 1 的对应关系都应该以可视化的方式表达出来，例如两者间的连线。

4）**"只能有一个"**。每个项目成员在项目组织中只能有一个直接领导。

5）**适当的领导空间**。一个协调员的角色（项目经理、子项目经理）最好协调大约 7 名员工的工作，即所谓"黄金 7"理念。根据项目任务的复杂性，人员范围可能会略微上下变化（4~9）。如果项目人员超出了上述范围，就应再次细分重建团队。

> 在许多项目管理的文献中，员工通常简称为"资源"。但要避免在项目规划中将员工与其他资源简单等同起来。不能忽略这一事实，即人是有感觉、担忧、希望和个人目标的。

参考文献

Bär, C.; Fiege, J.; Weiß, M.: Anwendungsbezogenes Projektmanagement. Springer Vieweg, Berlin 2017

Carnegie Mellon University: CMMI® for Development, Version 1.3. November 2010

Cunningham et al., Manifesto for Agile Software Development (Das Agile Manifest), 2001, http://agilemanifesto.org/principles.html, zuletzt abgerufen am 29.10.2017

Gessler, M. (Hrsg.): Kompetenzbasiertes Projektmanagement (PM3) – Handbuch für die Projektarbeit, Qualifizierung und Zertifizierung, Band 1, 4. Auflage. GPM Deutsche Gesellschaft für Projektmanagement e. V., Nürnberg 2011

DIN 69901:2009: Projektmanagement – Projektmanagementsysteme. Beuth, Berlin 2009

Hab, G.; Wagner, R.: Projektmanagement in der Automobilindustrie, 4. Auflage. Springer Gabler, Wiesbaden 2013

Herrmann, A.; Knauss, E.; Weißbach, R. (Hrsg.): Requirements Engineering und Projektmanagement. Springer, Berlin 2013

ISO 26262:2011: Road vehicles – Functional safety.

Jakoby, W.: Projektmanagement für Ingenieure. Springer Fachmedien, Wiesbaden 2015

第 7 章
步骤 6：规划沟通交流

一个项目的生死存亡与沟通交流密切相关

7.1 / 简介

 做法、输入和输出

此规划步骤的做法

• 步骤 6.1：创建项目报告和会议计划。应该通过哪些途径保证项目成员沟通交流？应该在何时、由谁、向谁汇报什么？哪些定期会议是必要的？

• 步骤 6.2：统一定义报告和文档记录。

• 步骤 6.3：兼顾非正式沟通。

• 步骤 6.4：规划项目营销。外部如何看待项目？谁应该关注这个项目？

此规划步骤的输入

• 项目环境分析。

• 项目组织结构。

此规划步骤的输出

• 沟通计划，包括报告和会议计划，以及项目营销和非正式沟通措施。

一方面，项目中的沟通交流要自由畅通，另一方面要尽可能有针对性并具备沟通渠道。在任何情况下都不应该疏忽大意，而应该予以规划。

为什么要在一个项目中进行沟通交流？简单地讲就是为了达到以下目的。

- 分配工作任务。
- 报告（项目现状、问题、风险）。
- 传递项目工作所需的信息。
- 人员思想交流，营造团队气氛。

考虑到这些沟通内容，就必须在项目规划中明确其沟通渠道，定期召开项目会议。必须确保正式沟通方式能够标准化，并确保有足够的时间和空间进行非正式沟通。项目经理的任务之一就是确保项目参与人员能够相互交流思想和保持联系（图 7-1）。

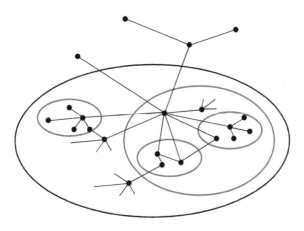

图 7-1　沟通交流将项目人员连接在一起

沟通可分为正式沟通和非正式沟通。通常，正式沟通都是有计划、有组织和明确拟定了沟通内容的，例如下达上级指示、状态报告、议程性会议。而非正式沟通并不受到限制，它主要基于人与人之间的关系，并应该有意识地进行维持，这对于项目的成功同样重要。例如在公司食堂、咖啡角、车间休息室等地点都可以进行非正式沟通。

对外介绍和展示项目一般属于企业形象宣传领域。这是项目规划的一部分，应该积极地设计有针对性的项目营销工作。总而言之，沟通交流是可以设计的！

项目中良好的沟通交流，可用以下标准衡量。

- 沟通内容始终与项目相关。
- 信息传递迅速。
- 信息能传递给正确的接收者。
- 产生歧义及误解的风险低。
- 公开表达对风险和问题的看法。

- 交流主要在面对面的直接对话中进行。
- 交流基于相互信任、透明和共同语言。

现代化的各种通信技术为项目管理提供了许多便捷的交流方式，但它们也带来很多困扰，甚至隐藏着某些危险。通过电子邮件、即时聊天工具或网络会议进行交流可以加快信息交流速度，有时还能消除地域界限。最新的项目管理工具，例如 projectplace、asana 或 taskworld，都提供了集成性的通信功能，例如聊天、审阅选项、在线会议、论坛或自动状态通知，以及将沟通直接链接到任务或工作成果。但这些新的通信手段也有其不足，例如"电子邮件乒乓球"（E-Mail-Ping-Pong）、同一楼层的网络会议等，这些现代化通信手段如果使用不当，很快就会导致漫无边际的过度沟通，海量邮件的处理要花费大量宝贵时间。必须通过制订某些交流规则、技术培训和协议约定来正确应对这种情况。

即使有所计划，但沟通仍必须是有意识性的。信息的质量不仅取决于其结构和规则，员工是否喜欢更多的交流，还取决于所提供的场所，而且更多取决于参与人员，尤其是上级管理人员表现出的交流行为。

 汽车工程项目的特殊性和挑战

- 许多汽车项目是跨企业的，即汽车制造商、一级供应商、二级供应商等，信息通信也必须跨越企业边界进行。
- 可能有数百人共同参与一个项目。
- 在许多项目中，项目团队可能分布在全球各地，在地理位置和时间上不一致。因此，大部分沟通是通过电子邮件和电话会议进行的。
- 沟通渠道通常由企业组织的层次结构（汇报渠道）明确定义。
- 沟通过程通常并不是作为项目规划的一部分而专门设计的。
- 许多项目都受到过多沟通信息的困扰。信息多是通过电子邮件群发，项目成员必须花费时间，挑选出与他真正相关的信息。

7.2 创建项目报告和会议计划

报告制度是项目管理的支柱环节之一。在项目中，项目报告可以是口头的或书面形式的，通常要有相应的定期项目会议和状态汇报，这不是单纯的信息交流，不同于社交论坛。

　　创建这种项目汇报机制的主要目的是根据项目需求，定时快速地发布项目信息。报告内容应尽可能简明扼要且明确无误，当今大多数项目来往和充斥的信息过多，难以筛选出真正所需的部分。在报告中，项目的关键性指标（在步骤 12 中制定）应该是报告的核心部分。特别对于规模较大的项目，比如多个团队分布在不同厂区、地点或国家，有必要使用统一的报告规则和标准模板，以实现高效的信息沟通。

　　首先应该定义正式的沟通路径，将其作为项目控制和监管机制。这种正式的沟通路径要由项目组织内各个成员进行确定，通常包含以下几点。

- 谁向谁报告？
- 如果员工需要上级支持（升级级别），可以联系谁？
- 谁可以分配任务给谁？
- 谁负责与客户沟通？

图 7-2 中的示例定义了汽车行业中第 1 级的沟通路径。

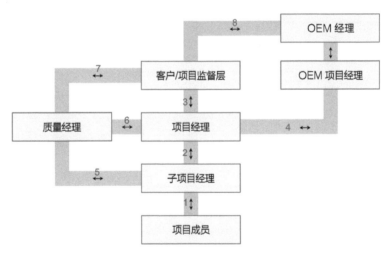

图 7-2　汽车行业项目中的沟通路径示例

　　对所构建的沟通路径，应确定所需的定期性书面报告和会议日程。虽然应该考虑每条沟通路径，但这并不意味着项目参与者和报告接收者必须受限于一个路径。可根据具体的项目要求，将会议参与者和报告接收者单独放在一起。每个会议和状态报告都应该有明确的议题主题和参与者群体。

　　在制订报告计划中要将项目定期性报告制度化和规范化。表 7-1 显示了一个报告计划的示例，也称为会议矩阵。具体的定期性会议或日程安排，则可在会议计划中进行制订（表 7-2）。

表 7-1　报告计划示例

报告时间表			
报告项目	周期性项目报告 1：向客户汇报项目状态	周期性项目报告 2：……	周期性项目报告 3：……
为什么（意义和目的）	客户满意度 确保获得客户反馈 告知客户进展、合作		
谁对谁	项目经理对 OEM 项目经理		
什么内容	日期、进度和风险		
何时	每月第一个星期三		
格式	客户模板 Status Supplier xy.doc		
传达方式	电子邮件		
何处存档	/project storage/06_ 通 信 /01_ 客户 /01_ 状态		

表 7-2　会议计划示例

会议时间表			
会议项目	会议 1：……	会议 2：……	会议 3：……
为什么（意义和目的）			
与会者			
谁发邀请			
谁主持			
何时何地			
议程			
会议记录			
存档位置			

敏捷项目管理

每日会议

敏捷项目管理中安排有每日会议，又称为站立会议或每日站会，这非常适合于小型团队和具体性任务，这类项目日常工作频繁变化，项目成员的工作互相依赖性较强。

如果项目人员有确定的工作包，就不必每天检查其进度，每天都开会的实际效果会适得其反。一般例行会议都是一个强制性流程，一个报告的内容可能仅对一小部分人而言是重要的。敏捷项目管理每天都有新的工作和任务优先级，就是说每天都有所不同，这才是至关重要的，这就要求对项目进行微观管理并不断重新定位。如果一个项目持续两三年，就不必每天都会议不断。当然，如果每天都是危机性会议，只能导致忙于应急，缺乏事先思考计划，这对项目的进展几乎无益。

回顾

在敏捷管理中，所谓的回顾是指定期性回忆过去的项目经历，总结经验教训，从中学习提高。整个团队一起对项目的前一阶段进行审查，讨论哪些工作进展顺利、哪些停滞不前，也可以讨论和交流技术问题。其目标是使一个团队能不断完善和共同成长。例如，这类会议可以在每次迭代之后举行，并且只限制在团队圈子内，在尽可能轻松和非正式的氛围中进行。

项目报告所要遵守的规则

- 最重要的事情永远是列在第一位的！
- 标准化，即内容结构统一。
- 有目标性。
- 陈述客观事实，而不是假设。
- 风险和问题报告内要包含一份声明（对项目订单、工作包等可能产生的影响）和建议。
- 主动向上级汇报，项目经理不能被动落后！
- 信息内容向上汇报时要言简意赅。

建议　**报告时间间隔**

就两个项目状态报告之间的时间间隔而言，应根据所计划的项目持续时间来设置。一个粗略的基准是报告间隔应在项目持续时间的 2%~8% 之间。项目进展都需要时间，如果前后两次报告之间项目状态没有太多变化，的确就不推荐进行第二个报告。还要考虑企业管理层和监督部门的报告间隔。每月报告已成为大多数企业的常态。

会议间隔

类似于报告时间间隔，两次项目日常会议之间的时间间隔也应该根据所计划的项目持续时间来设置。通常，企业内部项目会议每周举行一次。根据项目合作模式，客户参与的会议应该比企业内部项目会议的间隔时间更长些，这样使项目团队能够有充分的时间实施实际工作。如果项目团队过于频繁地受到应付客户会议的影响，致使其工作内容和任务经常调整，项目就会受到外部干扰和调控的风险。如果可能，应该通过项目进度透明化来满足客户持续性的对定期报告的需求，例如只有客户可以访问的项目状态网页或其他类似的东西。

7.3 统一定义报告和文档记录

　　项目报告模板是必要的，以确保报告的内容不是随意的，而是实际需要的内容。统一格式的报告可以节省创建报告和收集信息的时间。如果无法使用现有模板，则应创建一个简单的、特定于项目的模板。图 7-3 展示了一个内容紧凑的项目状态报告。

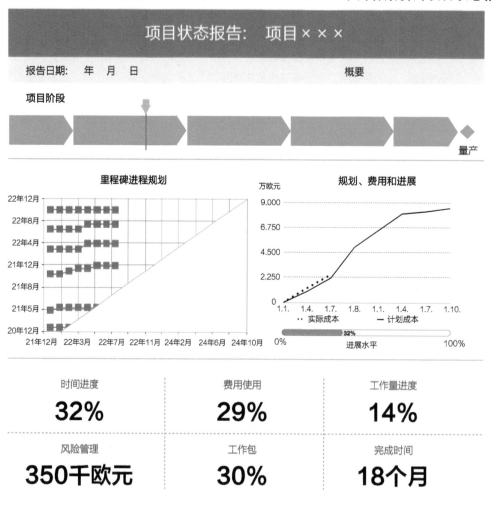

日期	里程碑	状态	说明
2024.01.01	项目开始	100%	项目按计划启动
2024.04.01	规范分析	100%	2周后完成，晚于计划
2024.06.15	提供给客户A样品	50%	进行中

图 7-3　一页式项目状态报告

但即使是这种简要性报告，也有助于构建标准化报告的框架，这不同于其他非正式的演示文稿、文本文档或电子邮件模板。

同样，项目日志也应该是统一的形式。具有结构化的项目运行日志或虚拟看板都适用于在定期会议中记录团队决策、数据信息和待解任务。

一个项目日志应至少记录以下信息。

- 谁参加了会议。
- 谁没有参加。
- 所讨论的内容。
- 决定和决议。
- 对于较小的任务：需要做什么？由谁做？何时完成？
- 会议记录接收者。

项目会议

建议

- 不要与个人谈论过多的事情，应计划小规模、有具体议程的会议。
- 计划足够的会议时间，遵守时间限制。敏捷项目管理中的"时间盒"规则也可以应用于项目会议。
- 安排客户、项目和子项目的定期会议，例如每周一与客户会面、每周二上午项目经理和子项目经理会议、每周二下午子项目经理和团队会议。
- 在制订定期会议计划时，要提前检查与会人员参加的可能性。最好只有当所有要求的人员都确定能出席时，再将会议日期予以确定。
- 参与者时间不冲突的定期会议最好同时举行，这样大家有更多的共同与会时间。
- 制订明确的会议规定，例如会议中不许使用手机、不许带便携式计算机、不许旁听等。
- 作为一个项目经理，不应该自己还负责写会议记录，这样就可以专注于会议内容和讨论。如果可能，应将此任务委派给另一个与会人员。

提示

要确定为完成项目沟通所必需的措施，如果未直接落实，则应给予注明，例如在项目运行日志中注明，以便以后可以在步骤8中将其转换为具体的工作包。

7.4 兼顾非正式沟通

非正式沟通也有助于项目的成功。它可以促进项目成员之间的关系更融洽，并在很大程度上影响项目团队气氛。具体环境可以是咖啡角、午休聚餐、烧烤、郊游等，这些都可以为非正式交流创造机会。在规划项目时，应注意确保有合适的空间可供使用，以便项目成员非正式地交流想法。如果可能，这类活动也应该包括在成本预算中（见步骤 11）。

7.5 规划项目营销

　　谁会对这个项目感兴趣？应该让谁看到它？人们对项目有高度的认知和积极的看法，这些都会使项目成员感受到某种自信，当然，管理层对项目的关注也必不可少。人们对一个项目的认知度越高，项目成员就越能从项目环境中得到更多的支持和鼓舞，项目在中高层管理人员心目中的知名度也会越高。同样，项目正面的外部形象也可增强项目成员对项目的认同。项目管理人员更需要主动勾画和设计项目的外部形象，行业常用语就是项目营销。

　　根据项目环境分析的结果，制订提高项目知名度和塑造公众形象的措施。项目营销措施示例如下。

• 设计项目标志或徽标，并将其加入项目文件，印刷到茶杯、水瓶和 T 恤等物品上。

• 创建项目海报，归纳出项目的最基本信息，并将其放置在显眼位置。

• 展示产品样品或原型，例如展会入口区、开放日、样品陈列柜中等。

• 在企业内刊上发表介绍该项目的文章。

• 创建一个项目互联网网页。

• 定期发布与项目相关的重要新闻的时事报道。

• 利用社交媒体发布信息，比如博客、维基、论坛、微博等。

建议　　**项目沟通的一般性原则**

• 电子邮件要尽量少！电子邮件可能会成为阻塞沟通渠道的"泥浆"。在一个项目团队内部，通过电子邮件进行交流应该减少到最低限度。当需要电子邮件用于项目沟通时，就要设置明确的规则，比如谁应该是邮件的接收者？如何根据统一的语言表达直接切入主题，以便电子邮件简练、明确和有针对性？

• 建立一个词汇表来明确定义和准确解释常用的术语和缩写，这可以作为项目手册的一部分。要在项目中有共同的语言表达，这就需要使用共同的词汇。要解释重复出现、模棱两可或难以理解的术语。还可以集成现有的词汇表，例如来自 ISO 26262-1:2018 或 Automotive SPICE 等规范或标准的词汇表。

• 项目经理应始终参与同客户的沟通交流，至少是为了提供项目状态信息。

参考文献

Gessler, M. (Hrsg.): Kompetenzbasiertes Projektmanagement (PM3) – Handbuch für die Projektarbeit, Qualifizierung und Zertifizierung, Band 1, 4. Auflage. GPM Deutsche Gesellschaft für Projektmanagement e. V., Nürnberg 2011

Hab, G.; Wagner, R.: Projektmanagement in der Automobilindustrie, 4. Auflage. Springer Gabler, Wiesbaden 2013

Jakoby, W.: Projektmanagement für Ingenieure. Springer Fachmedien, Wiesbaden 2015

Kuster, J.: Handbuch Projektmanagement, 3. Auflage. Springer, Heidelberg 2011

Project Management Institute: A guide to the project management body of knowledge: PMBOK® guide 3rd Edition. Project Management Institute, Pennsylvania 2004

Schels, I.: Geschäftszahlen visualisieren mit Excel 2010. Markt+Technik, München 2012

VDA QMC: Automotive SPICE 3.0. 2015

Wyllie, D.: Scrum und Kanban für alle – Cloud-Lösungen für Agiles Projektmanagement. In: t3n Magazin Nr. 45, 2016

第8章
步骤7：识别、评估和应对风险

人们不知道将会发生什么事

8.1 简介

做法、输入和输出

此规划步骤的做法

•步骤 7.1：识别风险。哪些因素会影响项目的实施？如何条理性地识别风险？如何记录风险？

•步骤 7.2：评估风险。如何客观评估风险？每个风险有多大范围？出现的可能性有多大？

•步骤 7.3：确定应对措施并评估残余风险。应如何应对已识别的风险？残余的风险是什么？

此规划步骤的输入

•风险管理计划。

•先前的计划步骤中遗留的风险。

•工作成果和发布计划清单。

•风险清单。

•早期项目阶段的风险清单。

•类似项目的经验教训。

此规划步骤的输出

•风险清单，即所有已识别风险、评估和应对文件。

这个规划步骤是识别项目中可能会出现的风险，客观实际地评估它们，然后决定如何予以应对。风险管理规划将为这些步骤创建总体架构。

通常，人们并不知道明天会发生什么。这可能听起来很陈词滥调，但其中包含了风险管理一词的内涵。即使是再好的项目规划也是基于某些假设，都无法预测项目的真实情况。工程项目中的过程一般都太复杂，而且时间跨度大，无法从开始时就完整地预料并阐明所有事件。风险管理正是要尝试尽量缩小这一未知盲区，并对未来可能会出现的事件、对项目的负面影响尽可能有所防备。这里首先要澄清的核心问题就是什么将会危及项目任务的实施？

同样，国际标准 ISO 31000:2009《风险管理—原则和准则》，将风险一词定义为"不确定性对目标的影响"（参见 ISO 31000:2009）。

所谓时机管理，就是有针对性地寻找对项目结果有积极影响的潜在事件，这也可以采用本章介绍的方法来实施，只需对影响范围进行更改。但是时机管理只能在严格的框架条件下使用，通常可使用在汽车工程项目中。质量管理标准 IATF 16949:2016《汽车生产及相关服务件组织质量管理体系要求》首次明确地定义了时机管理。

1. 项目、产品和经营风险

一个企业中的风险大致可分为项目风险、产品风险和经营风险。在项目规划中，一项重要的内容就是识别和评估项目风险。这一过程中应该明确规定谁将具体负责管理哪个风险等级。例如，在一个项目中，可以指定项目风险由项目经理处理，而产品风险由技术项目经理（或系统工程师等）处理。而经营风险超出了项目范畴，属于企业全局考虑的范畴，这通常不在项目经理的责任范围内，而是企业管理层（或上级领导）的责任。

 项目风险

项目风险是指可能无法实现项目目标的危险性。项目风险可以分为以下三种，但通常并不能明确地将某一风险归于其中一类。

- 期限风险：无法满足交付期。
- 绩效风险：工作成果不符合要求。
- 成本风险：超出预算。

产品风险

产品风险是指在产品使用过程中可能出现的危害，通常应该在开发过程中予以关注，比如在方案开发、系统设计、软件设计等过程中。针对产品风险已经有特定的分析方法，比如失效模式和影响分析，或者 ISO 26262:2018《道路车辆—功能安全》中的危害和风险分析，这些过程的工作成果应该写入工作成果清单中，并且记入文档！

降低产品风险的最佳措施就是测试，尽可能早地、内容广泛地进行测试，即所谓以测试驱动开发（Test-Driven Development）。

经营风险

经营风险是指企业级的潜在威胁。这些风险包括财务预算和合同违约风险，还包括员工人身安全、信息安全、经营合规性和商业信誉等。

2. 呼吁风险管理

风险管理在一定程度上可以保护企业的利益。经营风险通常来自产品或项目风险。通过项目中的风险管理，可以尽早识别出对企业效益或声誉的负面影响。风险管理有助于减少项目中的未知性。通过有针对性地寻找风险发生的可能性，可以减少未识别风险的数量（图 8-1）。用苏格拉底式的哲学语言表达就是："我知道我什么都不知道"到"我知道我不知道什么"。

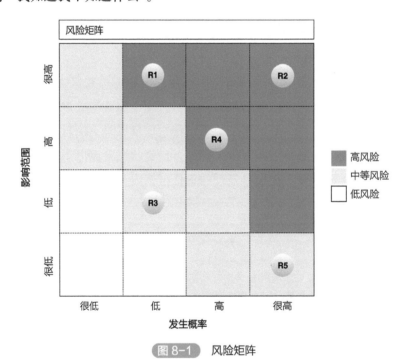

图 8-1　风险矩阵

风险管理能够帮助项目管理人员做出在一定程度上负责任的决定。但是这样做出的决定并不一定是正确的决定，而只是为正确的决定建立了一个基础，只是信息已被收集和解释，使决定者得以了解该决定相关的风险，但不应就此满足。风险管理能使项目成员保持一个积极主动，甚至敢于冒险的处事态度。如果已充分了解风险，并在权衡风险和收益后做出了深思熟虑的决定，那么便可以合情合理地接受风险。

风险管理有助于缓解项目团队的挫败感。应该从项目计划一开始就识别、鉴别和归类风险事件，尽可能不将其遗留给项目实施团队，以免造成后续不可挽回的失败。项目中频繁出现、明显的失败事件和经历都可能导致项目成员烦恼、失望和疲惫，甚至导致项目"夭折"，这些负面影响都可以通过风险管理在一定程度上予以削弱或抵消。

在项目结束时，风险管理有助于适当地评估项目真正的成功难度。比如 100m 跨栏显然比 100m 短跑需要更长时间。

 汽车工程项目的特殊性和挑战

特殊性

• 由于量产日期已确定，难以保证项目截止日期的风险就直接影响到项目成本或交付范围。起码这两点就应考虑作为因交付日期推迟而导致的项目风险，甚至是经营风险。

• 风险管理规划通常是被忽视或仅走走形式和消极应对的，这本身就对项目造成了风险。

• 在项目规划的某些阶段，比如预算、工作包、风险管理规划中，没有广泛深入地寻找风险，客观谨慎地评估其可能性。

• 项目经理和项目成员在确认风险方面未经培训或缺乏经验，难以识别出风险的因果关系。

挑战

汽车工程项目中存在以下易于滋生风险的隐患。

• 有影响力的利益相关者被忽视。

• 不完整或不一致的项目时间表。

• 不明确的项目需求，不完整或冲突的需求，不完整的需求分析。

• 低估了人员成本。

• 沟通交流太少、太多或太"模糊"。

• 员工缺乏积极性。

• 员工项目中途离职。

8.2 / 识别风险

风险管理如同在黑夜中的池塘摸鱼，不能保证能捕捉到大鱼。但尽管如此，类似于捕鱼技术，任何一件事都有常规手段和经验性技巧，这就可以在一定程度上提高及时识别风险的可能性。

项目经理必须与规划团队（或核心团队）共同识别、确认和描述潜在风险。一般可通过召开团队研讨会，例如头脑风暴的方式，这是一个较为实用的方法。如有必要，也可邀请客户、行业专家或其他相关利益者参与。此处应放开设想，集思广益，允许负面思维和黑天鹅理论。

在先前规划步骤中所确定的所有风险，比如项目顺序的矛盾、项目环境的风险、人员需求和可支配性之间的差异等，都应在此集中汇总。以下面所描述的措施（也可以组合使用）可用于有条不紊地寻找进一步的风险。

1. 理性地寻找可能的项目风险

采用以下方法寻找可能的风险。

• 使用现有的针对企业和产品特定的问卷或检查表。

• 采用美国卡内基梅隆大学软件工程学院（SEI）基于分类的风险识别方法，具体参见文献 SEI 1993 中的附录 B "基于分类的问卷"。

• PSP-FMEA。这一 FMEA 方法用于分析和评估系统中技术或流程错误（风险）。其基本步骤也可用于识别项目范围内的风险。PSP-FMEA 的基本步骤如下。

①划定所考虑的范围。

②结构化范围。

③识别每个结构单元内可能出现错误的原因及其后果。

项目范围的划分和结构已经通过构建工作成果（工作成果列表）或工作包（项目结构）的过程产生了。使用 PSP-FMEA 方法，将每个元素（工作成果或工作包）逐一予以分析考虑，并检查其潜在的风险。对此可采用问卷和清单的形式，并定义风险类别，这些方式都有助于进一步系统化识别风险。通过检查所选定的项目阶段、开发范围或专业领域，根据不同的需要限定项目的内容范围。对于大型项目而言，其潜在风险都是来源于任务复杂性高、工作量被低估、风险之间的影响关系错综复杂。可预先选择出具有风险性的工作成果／工作包，以将风险分析的工作量控制在限制范围内。

• 将 FMEA 方法应用于产品开发过程。将 FMEA 方法也融入开发过程的基本步骤，以识别开发过程中的风险。与上述所描述的 PSP-FMEA 方法类似，这里所关注的不是工作成果或工作包，而是逐个地检查其潜在风险。可参照问卷和清单以及风险类别，进一步系统化该方法。

• 评估经验教训。通过分析类似项目的经验记录来识别潜在风险。过去曾出现过的问题就是今天可能会再次发生的风险！

识别项目的风险重心

回答以下问题有助于识别项目中的关键性风险。

• 企业组织和项目团队是否有类似项目的经验？

- 合同谈判是否完成？是否有订单？
- 项目订单是否明确？
- 客户需求是否已知和可以理解？
- 客户需求是否经过评估和协商？客户是否接受？
- 是否定义了产品的技术接口？
- 产品风险是否已知？
- 所需的员工在数量和资质方面是否满足？
- 项目中的职责范围是否已定义并明确分工？
- 是否为项目中的关键岗位指定了代表？
- 员工频繁离职在过去是一个问题吗？
- 项目工作实际的开始时间是否晚于原计划？
- 里程碑是否有推迟的迹象？量产 / 项目完成日期是否保持不变？
- 是否有足够的时间进行规划？
- 关键性项目途径是否已知？
- 是否有足够的预算？
- 是否在开发（设计、实施、测试）、生产、采购、供应商管理等方面存在某些特殊挑战？

 记录风险（风险清单）

　　所有已识别的风险都应记录在案。风险清单或者风险管理工具都可以适用于此项工作。为集中和清楚起见，风险的后续评估和应对措施也应记录在同一文件中。风险列表或风险管理工具中的具体内容将在下面予以介绍。

　　（1）记录一个已识别的风险
- 根据因果关系进行风险描述。
- 风险类别。
- 风险负责人（Risk Owner）。
- 风险编号和名称。
- 记录日期和报告者姓名（可选）。

　　（2）评估已识别的风险
- 出现的概率。
- 影响性（以欧元和 / 或其他定性指标为单位）。
- 风险值（以欧元和 / 或其他定性指标为单位）。
- 将影响到的工作成果。
- 出现风险迹象的指标（可选）。

（3）风险响应和重新评估

- 可选择的反应：避免、降低、接受、转移。
- 预防措施（包括检查有效性的成本和标准）。
- 残余风险值（以欧元和 / 或其他定性指标为单位）。
- 采取预防措施后风险发生的概率。
- 采取预防措施后的风险影响（以欧元和 / 或其他定性指标为单位）。

（4）在项目进行过程中

- 风险状态。
- 为未来项目总结记录经验和教训。

2. 根据因果关系描述风险

应尽可能客观具体地描述项目风险，以使所需的措施变得更加必要。只有当可以清楚地识别出风险对项目订单或者工作成果可能产生的负面影响，并能追究其出现的原因时，应对措施才会变得必不可少。一种用于确定风险的逻辑方法简单讲就是"如果……，则……（if, then）"，即如果风险发生，则对于项目订单意味着什么。如果风险有不同的引发原因，即使其影响相同，这些风险也应该被记录为单独的风险，以便能追究其各自真正的原因。

3. 风险分类

将风险分类有助于识别其特性和风险区域。SEI 所提供的风险识别清单可以作为风险分类的参考（参见 SEI 1993）。

4. 风险负责人

对于每一个风险都应该就项目团队中哪位成员负责处理该风险达成共识。在项目的后续过程中，风险负责人应确保对风险进行客观评估和持续性监控，并监督实施预先约定的应对措施，并定期向项目团队报告当前风险状态。对于风险负责人来说，他的工作就是最有效地避免和降低风险影响，这一项目角色是非常有意义的。如果无法明确指定风险负责人，就应将该项任务转交给项目组织中更高级别的成员，例如子项目经理。

8.3 / 评估风险

对于每个已识别的风险，必须评估它对项目实施的影响，以便采取适当的应对措施。一个风险的影响取决于其影响范围，即如果风险发生会怎样？以及其发生的概率，即风险出现的可能性有多大？项目中的风险评估应尽可能统一化，基于客观制定的标准，并且始终与项目订单内容紧密相关。为此，确定风险影响范围和发生概率的标准是必不可少的（表8-1和表8-2）。这些标准必须在项目开始时，就在风险管理规划中明确予以定义。

> **建议**　应在项目时间顺序上将识别风险、评估风险、制定应对措施和重新评估这些子步骤分别对待处理。例如，在研讨会上可将风险主题作为一个单独的会议议程，中间安排一定的休息时间。如果仓促地对每个所识别的风险进行评估并提出应对措施，则无法将单一风险置于所有已识别风险的大背景下，这就会有在个别单独性和低风险问题上花费过多精力的风险。

1. 风险发生的概率

一个风险发生的概率只能粗略地确定，它只是一个估算值，通常基于所积累的经验和专业直觉。就风险级别而言，可以是按照给定的事件数量中出现风险事件所占的比例进行分类，见表8-1。如仍存在疑问，就应在更具体任务领域进行细分。但通常只有在风险为高发风险的情况下，才能较为可靠地估计其发生概率，例如基于数据分析评估、数字计算或建模模拟。

表8-1　风险发生概率的级别（概率范围）

很低	较低	较高	很高
不可能发生的事件	较为可能发生的事件	可能会发生的事件	非常有可能发生的事件
1000例中有1例发生或者更少	100例中有1例发生	10例中有1例发生	5例中就有1例发生或者更多

> **提示**　与项目风险相比，对产品风险的发生概率（错误率）要求更高，即风险概率必须要更低，在汽车行业，通常低于100PPM（Parts Per Million即百万分之一）范围。

2. 影响范围

风险的影响范围应尽可能以成本形式量化，例如以欧元为单位。这样就对应于风险发生时的经济成本影响。也可使用破坏度这一同义词。将风险影响范围用其造成的成本值衡量，就可以划分出不同级别的风险。但是定量估算成本通常很麻烦，例如截止日期风险，所以风险影响范围通常只能定性地分级，比如很低、较低、较高、高和很高。将产品和项目特定的标准（表8-2）作为分类指标，要求其尽可能客观定性地描述风险级别。但需要注意的是，这类评估标准不可能涵盖项目中的所有案例。在实际项目中，评估标准可能因项目范围而异，如果存在重大意见分歧，则应针对具体案例另行制定标准。

表 8-2 风险影响范围分级标准（定性分级评分表）

指标	很低	较低	较高	很高
成本（相对项目总成本）	增加 <1%	增加 <3%	增加 5%~10%	增加 >10% 存在经营风险
日期（交付日期）	延迟 <5 个工作日	延迟 5~10 个工作日 客户烦躁	延迟 15~25 个工作日 客户沮丧	延迟 >25 个工作日 量产推迟，存在经营风险
工作量范围（工作成果）	几乎察觉不到偏差 / 功能限制	尚可接受的偏差 / 功能限制	难以接受偏差 / 功能限制	不可接受的偏差 / 功能限制（安全要求、法律规定、违反规范、商业风险）

3. 风险值

只有同时考虑风险发生的概率和影响范围，才能大致地将风险划分到"低""中"或"高"风险中。风险值是风险发生概率和影响范围的算术乘积，可将风险评估数值化，以定量描述。根据对风险影响范围采用的是定性还是定量评估，风险值也相应地可以采用定性（低、中、高）或成本值（比如以欧元计算）评估。定性风险值可以使用风险矩阵来确定，根据其可能发生的概率和影响范围进行分类（图 8-1）。定量风险值是风险发生概率（对应表 8-1 中的 1/1000、1/100、1/10、1/5）与其影响范围（比如以欧元为单位）的乘积。

4. 受到影响的工作结果

应尽可能多地识别和减少遭受风险影响的工作成果。如果不清楚哪些工作成果将受到风险影响，或者如果可能要涉及很多工作成果，则可以简单指定其上一层次的工作成果，比如产品功能、发布、子项目等。

5. 风险发生指标

这类指标是描述风险概率变化的客观标准，可以用来具体观察可接受的风险，并审查措施的有效性，但它们仍然并不是总能被明确定义的。

8.4 确定应对措施并评估残余风险

认识到风险，也理解了风险，现在怎么办？对于每一种风险都必须决定如何予以应对。

1. 选择应对

通常对已知的风险有四种基本的反应方式：尝试避免风险（例如拒绝某些苛刻要求）、通过预防措施降低风险、转移风险（例如通过合同中的条款、责任分配协议［RACI］、购买保险），或者可以接受并进一步观察风险。根据实际情况，选用这些可行的方式，可以减少项目中残余风险的数量（图 8-2）。对于每种风险，都应记录下所选择的反应选项。

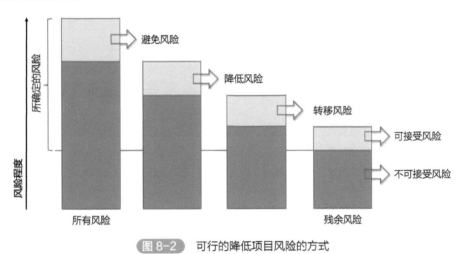

图 8-2　可行的降低项目风险的方式

如果风险是属于不可接受的风险类型，即其影响范围和破坏程度非常大，例如有生命和人身伤害危险、触犯法律、严重危及企业经营业务，就必须降低该风险，并且不可忽略其发生的可能性。

如果风险是属于低风险级别（参见图 8-1 的风险矩阵），如果其应对措施的成本大于风险值降低的收益（收益成本比较小），而且这类风险不是"不可接受的风险"，或者风险责任在另一方，并由其接手代理处置，则可以认为这是可接受的风险。原则上，风险的责任应是由风险发生时承担成本的一方承担。

2. 预防措施

预防措施的目的就是降低风险发生的概率或影响范围，从而降低风险的破坏性。如果已经确定了一种风险的情况，已决定要减少或避免风险，则至少必须计划一项相应的措施。必须优先处理高风险和不可接受的风险。预防措施扩大了项目的内容范围，这就必须在步骤 8 中将其转移到相应的工作包中，以便在后续的工作量估算、调度和成本计划等规划步骤中予以进一步考虑。对每一个风险都应有相应的应对措施，反之亦然。在进行风险评估时，应对其处理成本进行粗略估计，并将其列入风险清单。再进一步，为了评估措施实施的成功性，还应确定审查其有效性的指标和衡量标准。

建议 检验措施的收益成本比！即必须考虑降低风险值所需措施的成本。收益成本比的计算方法如下。

$$收益成本比 = \frac{（总风险值 - 残余风险值）收益}{措施成本}$$

如果收益成本比≤1，则应仔细考虑该措施是否合理。

提示 如果尚未与客户签订开发合同，则可采取以下措施，以避免或降低企业自身风险。

- 根据超出部分的风险值，收取附加成本费。
- 服务合同代替工作合同。
- 拆分开发订单，比如第一步为可行性研究或 A 样品开发，第二步为 B 样品开发。

3. 残余风险值

预防措施仅可能降低风险，并非能完全消除风险。针对已知风险，为了评估项目中的残余风险，应重新评估风险的可能性和后果的严重性，并假设预防措施已及时和全面实施。残余风险值也可以以货币为单位，比如欧元，它是在应对措施实施后，风险发生的概率和影响范围的乘积。如果没有确定进一步的措施，这种残余风险也可以算在可接受的风险中。对于可避免风险和可转移风险，在重新评估风险时，可以将其残余风险值设置为 0。

提示 就项目中的实际残余风险而言，其组成是已知风险（可接受风险）的残余风险值和未识别风险的不可量化值组成（图 8-2）。考虑到项目中存在的残余风险，就要为可能未识别的风险制订和准备财政支出，这也称为风险缓冲预算。有关风险缓冲预算的内容，可参见步骤 11：估算成本。

4. 风险状态

要将每个风险的当前状态明确描述，而且言简意赅。这如同记载一个风险履历，例如风险已描述、已评估、已接受、已避免、已转移、已减少、不再存在、已发生等，这些都要在风险管理规划中予以定义。

5. 文档记录所积累的项目经验

不论是作为经验或是教训，为了给未来项目以学习、借鉴和参考，都要记录下这些风险的经验性信息，例如哪些应对措施实际有效，哪些收效甚微，所预料的风险是否真的出现了，它的影响作用如何。

> **建议**
>
> - 每当涉及风险时，人们总会更关注其发生的概率。对于确定风险的影响范围，可将风险发生的概率以三点式估计方法，即以乐观、悲观和极为可能发生这三种形式描述。
> - 在识别和评估风险时，由项目外部人员参与审核有助于发现思维盲点，例如项目顾问或其他部门的员工，识别任何可能忽略的风险。
> - 最高风险的状态应该是项目会议和状态报告中一个不可缺少的组成部分。
> - 风险管理也被认为是企业文化的一部分。为了使其有效地实施，就必须鼓励企业组织对风险和问题公开性地应对和处理。这对于企业组织的进一步发展和完善至关重要。
> - 维持低风险的最佳措施可以且始终应该是拥有一个经验丰富且积极进取的项目团队。

参考文献

Bär, C.; Fiege, J.; Weiß, M.: Anwendungsbezogenes Projektmanagement. Springer Vieweg, Berlin 2017

Carnegie Mellon University: CMMI® for Development, Version 1.3. November 2010

DeMarco, T.; Lister, T.: Bärentango. Hanser, München 2003

DIN 69901:2009: Projektmanagement – Projektmanagementsysteme. Beuth, Berlin 2009

DIN EN ISO 9001:2015: Qualitätsmanagementsysteme – Anforderungen. Beuth, Berlin 2015

GPM Deutsche Gesellschaft für Projektmanagement e. V. und PA Consulting Group: „Erfolg und Scheitern im Projektmanagement", 2008. Verfügbar unter: https:// www.gpm-ipma.de/ fileadmin/user_upload/Know-How/Ergebnisse_Erfolg_und_ Scheitern-Studie_2008.pdf, zuletzt abgerufen am 29.10.2017

INCOSE: Systems Engineering Handbook: A Guide for System Life Cycle Processes and Activities, version 3.1.2007

IATF 16949:2016: Qualitätsmanagement System-Standard der Automobilindustrie, Erste Ausgabe, 1. Oktober 2016. VDA-QMC

ISO 26262:2011: Road vehicles – Functional safety

ISO/IEC 15288:2002: Systems and software engineering – System life cycle Processes, 5.4.6 Risk Management Process

ISO/IEC 31000:2009 Risk Management – Guidelines for principles and implementation of risk management

Jakoby, W.: Projektmanagement für Ingenieure. Springer Fachmedien, Wiesbaden 2015

Meyer, H.; Reher, H.-J.: Projektmanagement – Von der Definition über die Projektplanung zum erfolgreichen Abschluss. Springer Fachmedien, Wiesbaden 2016

第9章
步骤8：工作结构化

"真是没有什么比简化更困难的了，也真没有什么比把事情复杂化更容易的了"——欧洲经济和文化合作委员会主席乔治·埃尔戈齐（Georges Elgozy）

9.1 / 简介

做法、输入和输出

此规划步骤的做法

步骤8.1：确定项目结构化的原则。原则上项目工作应该如何划分结构？

步骤8.2：将工作成果和措施转移到工作包。获得所要求的工作成果都需要哪些工作步骤？需要采取哪些额外措施（例如前面的规划步骤）？如何将这些工作步骤和措施合理地组合到工作包中？

步骤8.3：描述工作包。

步骤8.4：创建项目结构规划。如何描述项目工作的范围？

此规划步骤的输入

• 工作成果和发布计划列表。

• 来自类似项目或早期项目阶段（例如报价阶段）的项目结构规划和工作包。

• 项目结构规划模板，描述工作包的模板。

• 来自先前规划步骤的措施。

此规划步骤的输出

• 工作包和项目结构规划。

必须明确定义项目工作内容，以便进行规划和控制。为此，必须确定所需的工作步骤，并将其组合到各个相应的工作包中，然后使用工作包来创建项目工作结构。

项目结构化是一项较为复杂的任务，因为必须考虑到项目组织、企业组织、开发过程和工作成果。可以有多种方式来组织这项工作：按团队成员或项目角色、部门、项目阶段、开发步骤、产品组件等。

在汽车行业，项目结构通常按照图 9-1 所示的模式构建。其典型的组成元素在表 9-1 中与汽车工程项目中的常用项目工作量衡量尺度进行了对应，借此可对项目规模有所了解。

图 9-1 汽车行业广泛采用的项目结构形式

注：参见参考文献 Kuster 2011。

表 9-1 典型的项目组成元素及其工作量级别

组成元素	汽车工程项目中的常用衡量尺度（工作量）
项目	10000~100000h
子项目	2000~20000h
子任务	200~5000h
工作包	20~200h
事项	8~40h

工作包

　　工作包是一个项目中可明确定义且具有范围限制的任务，用于创建所需的工作成果或实施必要的措施。项目订单以及成本、期限和目标都分解到各个工作包中。

　　工作包将项目订单转换为多个工作订单。工作包是项目管理的核心要素，它们是成本估算、人员和资源规划、调度、风险管理、变更管理和项目控制的参照点（图9-2）。一个工作包可以细分为多个具体事项，简称为事项，多个事项组合构成一个子任务，多个子任务构成一个子项目。

项目结构规划

　　项目结构规划又称工作分解结构（Work Breakdown Structure，WBS），是对项目中所有工作包的结构化汇总，它描述和构建了项目范围。

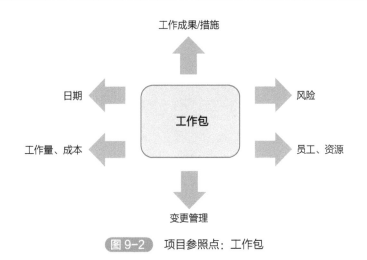

图9-2 项目参照点：工作包

汽车工程项目的特殊性和挑战

　　•一个项目可以包含数百个工作包，在极少数情况下甚至有数千个。

　　•项目任务通常不仅会通过工作包进行分配，而且每天都会通过日志条目、变更请求或电子邮件分配。这使每个工作成果和成本管理都变得更加困难，项目范围不再具有清晰的轮廓。

　　•项目范围在项目期间还会出现多次变化，包括添加新的工作包、取消某些工作包或更改工作包的内容。

　　•在许多项目中，项目结构规划并不完整或者项目范围分布在几个规划中，以致宏观的整体项目结构难以被识别。

　　•工作包的内容描述通常很模糊不清，缺乏具体性，或根本没有工作包。

　　•项目范围通常只被分解为若干粗略的工作包，每个工作包所需的工作量约为100h或更多。

定义和引入工作包的好处

•工作包奠定了项目规划的工作基础，可用于进一步的规划步骤，即工作量估算、调度和成本计划等。只有明确定义和可控的工作范围才可被规划！

•工作包是项目控制的基础。只有明确定义和可控的工作范围才可被控制！

•通过工作包可以准确分配工作量、确定项目进度和系统地积累经验教训。

•工作包有助于避免微观管理，并减少项目经理的项目管理工作量。

•工作包是保证项目实施成员自主工作的前提条件。只有将各项任务明确划分和定义，项目成员才能开展各自的工作，并承担相应的责任。

•工作包划定了工作范围，例如哪些工作可外包。

•创建完成工作包可认为是项目管理成功的第一步。

图 9-3 形象化地说明了结构化的好处。

数数有几只羊?

（如果对a、b两幅图片，您都只有一秒钟的时间数羊）

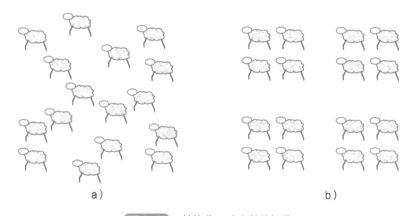

a)　　　　　　　　　　　　　　　　b)

图9-3　结构化可建立总体概览

敏捷项目管理中的项目结构化

在敏捷项目管理中，通常不需要在项目开始时就对项目范围进行全面的确定和详细的结构化。相反，随着项目的不断推进，项目结构会随之逐步增长。因此，从一开始就将整个项目范围分解为工作包被认为是徒劳无益的。Uwe Vigenschow 等在《APM-敏捷项目管理：成功地控制要求苛刻的软件项目》一书中写道：提前达到过高的详细程度，对于敏捷项目管理来说意义不大，甚至被认为是一种障碍。这背后的基本思想就是通过结构化项目成果为项目提供一个框架，这对于每个项目都是有价值的（参见参考文献 Vigenschow 2015）。敏捷项目结构满足以下要求，并且是迭代式构建的。

- 层级式结构的元素至少应该包括发布、功能和迭代。如果需要，可以添加更深层次的结构元素，例如包、用例或用户故事。
- 可以添加功能团队。
- 随着项目的推进，工作不断进入细节。
- 可以在详细内容和概览之间进行切换。

但是，如果项目是以工作合同形式委托的，即以固定价格所定义的成果，则必须在项目开始之前就明确地确定整个工作范围，并且必须估计成本费用和完成日期。为此，将工作范围细分为尽可能小的组成元素就是必不可少的。这也适用于敏捷项目管理，对积累经验而言，跨项目的统一性结构就是必需的，只有这样才能将多个项目相互进行比较。最终，每一项任务都必须与更高层次的工作成果相关联。正是出于这些原因，在敏捷项目管理中以及在使用看板时，也建议要有一个项目结构，以体现出各个任务的相关性。

 标准工作包和标准项目结构规划

当前，项目实施的标准化对于增强项目实施的竞争力变得越来越重要。

如果跨项目，统一性的项目结构可对应到产品开发过程和标准化的工作包，这样的项目结构可以更迅速地进行规划，减少项目计划和控制所需的工作量，便于进行项目之间的对照比较，例如，可以更可靠地估算出项目的成本费用。

因此，每个项目经理，乃至每个团队组织，都应努力建立各自产品和团队特定的标准工作包和标准项目结构。

9.2 确立项目结构化的原则

如前文所述，项目中的工作可以根据各种现有标准进行结构化，即标准化原则，比如根据团队成员或项目角色、专业部门、项目阶段、开发步骤、产品组件等。工作成果（工作成果清单）可以而且应该作为项目结构化的起点，并且应该尽可能始终遵循。

在德国工业标准 DIN 69901-3:2009《项目管理 – 项目管理系统 – 第 3 部分：方法》中，明确划分了三种类型的项目结构：面向对象性的、面向功能性的和面向阶段或过程性的。在面向对象性的项目结构规划中，工作包的定义基于产品的技术结构；在面向功能性的项目结构规划中，工作包是根据不同的业务功能（例如销售、开发、测试、生产）来构建的；在面向过程或阶段性的项目结构规划中，项目结构规划基于

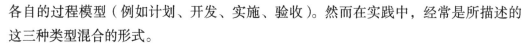
各自的过程模型（例如计划、开发、实施、验收）。然而在实践中，经常是所描述的这三种类型混合的形式。

创建汽车工程项目结构的方法如下（图 9-4）。

1）**第一层**：发布或样品阶段，包括发布、阶段跨越性任务（项目管理、销售等）。

2）**第二层**：将发布划分为若干个子项目，例如系统开发、软件开发等部门或专业，或者面向功能和阶段，将发布 / 阶段跨越性任务划分为规模更小的子任务或工作包。

3）**第三层**：发布的工作范围进一步细分为子任务和工作包，要么根据跨组件 / 产品特性的开发步骤（例如分析需求、创建架构等），要么根据与组件 / 产品特性相关的开发步骤（例如软件模块 1、软件模块 2、机械 – 组件"外壳"）进行划分。

4）**第四层**：将涉及发布的工作范围根据开发步骤进一步细分，比如软件模块 1 的规格、方案、设计等。

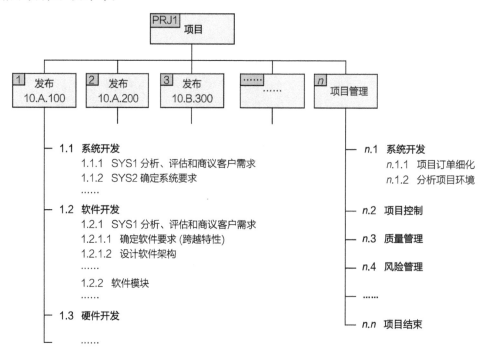

图 9-4 汽车工程项目的结构化方法示例

图 9-5 展示了另一种非常相似的项目结构化方式。

根据项目划分原则，可以从一个级别到同级，即所谓水平结构化；也可以从一个分支（上级）继续拆解出其分支（下级），即所谓垂直结构化。整个项目的最佳结构取决于项目成员在企业内和项目中的组织方式以及开发过程的方式。但始终要牢记：工作成果应该是要考虑的重点。

编号	名称	组成元素	层次级别
PRJ1	项目 01	项目	0
PRJ1-R10	项目阶段 10.A.100	项目阶段	1
PRJ1-R10-SYS	系统开发	子项目	2
PRJ1-R10-SW	软件开发	子项目	2
PRJ1-R10-HW	硬件开发	子项目	2
PRJ1-R10-HW.1	硬件开发 1	子任务	3
PRJ1-R10-HW.2	硬件开发 2	子任务	3
PRJ1-R10-HW.3	硬件开发 3	子任务	3
PRJ1-R10-HW.3.1	硬件模块 1 设计	工作包	4
PRJ1-R10-HW.3.1.1	电路设计	事项	5
PRJ1-R10-HW.3.1.2	布局设计	事项	5
PRJ1-R10-HW.3.1.3	创建集成计划	事项	5
PRJ1-R10-HW.3.2	硬件模块 2 设计	工作包	4
PRJ1-R10-HW.3.3	硬件模块 3 设计	工作包	4
PRJ1-R10-HW.4	硬件开发 4 硬件模块设计验证	子任务	3
PRJ1-R10-HW.5	硬件开发 5 生成加工文件	工作包	3
PRJ1-R10-HW.6	硬件开发 6 硬件模块制造	子任务	3
PRJ1-R10-HW.7	硬件开发 7 硬件模块集成	工作包	3
PRJ1-R10-HW.8	硬件开发 8 硬件测试	工作包	3
PRJ1-R10-ME	机械部分设计	子项目	2
……	……	……	……
PRJ1-R20	项目阶段 10.A.200	项目阶段	1
PRJ1-R30	项目阶段 10.B.300	项目阶段	1
……	……	……	……
PRJ1-SPL	营销	子任务	1
PRJ1-ACQ	采购和供应商管理	子任务	1
PRJ1-SUP	辅助流程	子任务	1
PRJ1-CO	控制	子任务	1
PRJ1-PRD	加工准备	子任务	1
PRJ1-PM	项目管理	子任务	1

图 9-5 表格式项目结构规划

通常，随着项目的推进，某些项目任务会发生变化，应事先予以考虑，并反映在项目结构中，这一过程称为项目阶段的细分。虽然在项目开始时，工作重点主要是规划、需求分析和架构定义，但后来重点逐步转移到实施、产品验证和生产准备。在开发阶段（Ⅴ周期、迭代）会重复循环其中的许多工作步骤。必须对客户需求进行分析，然后将其转化为产品设计、实施，并最终通过测试、评审来予以确认。

项目结构规划所围绕的核心必须是工作成果！因此，项目必须关注项目成果，而不是中间活动。在敏捷项目管理中始终都在强调这种理念。

提 示　　在项目规划的这一阶段还应该考虑项目工作量、成本计划和调度应该详细到什么程度。通过项目结构中的详细程度，还可以在很大程度上确定后续规划步骤中的详细程度。一个子任务规划是否已经足够，或者是否应该将其继续分解为多个工作包，甚至具体事项？规划的层次级别越精细，结果通常也越准确，但这也需要花费更多的规划时间和精力。在本书的后续内容中，都假定在具体事项级别进行了详细规划。

参考项目结构规划，项目经理应确定以下与此相关的边界条件。

1）**项目结构层级的构建原则**。结构层级应该根据哪些方针制订（项目阶段、专业等）？前两级结构至少应由项目经理指定。

2）**项目模板**。项目结构规划可使用哪些现有模板或辅助工具？

3）**项目编码**。项目结构中的组成要素应该按照哪个系统连续编码？这种编码通常由多个数字或字母序列组成，这些数字和字母都有其特定的含义，它们应该具有可识别的划分特征。编码通常由所采用的信息系统生成。

4）**项目结构细分度**。最小的组成元素应该有多小？本书建议：与人员成本相关的最小要素不应少于 1 个工作日，否则整个结构会变得庞大杂乱，导致项目计划和控制的工作量大幅度增加；也不应大于 10 个工作日，以确保有足够的详细程度。

5）**处理添加内容**。在项目进行期间，应根据哪些规则将新的工作包添加到项目结构中？项目结构的基本组成部分应该在整个项目期间都保持不变，以便于项目管理控制和经验性数据不受到过多影响。

建 议　　•构建项目结构时还是要尽量采用"黄金 7"原则！一个元素应分解为不超过七个子元素。这可使项目结构规划保持清晰明了。

•如果可能，一个项目结构不应该超过五个层次级别。层次过多会使项目结构规划和稍后将要创建的详细计划失去宏观性。

•时间持续一年以上的项目应划分为几个时间段。

•在当前项目中添加以下新的工作包应采取的方法如下。

•变更请求（预算如已调整）。新的工作包应收集在单独的项目结构分支中，例如在第一个层次。这一做法使项目范围的扩展能一目了然。

•问题报告（预算尚未调整）。新的工作包应附加在相关工作包下。如果还无法配置，则可将其配置在一个更高层次的组成元素下，这样就可清晰地对其进行分类。

•风险降低措施。新的工作包应插入一个单独的项目组成的元素分支，以便于进行风险管理。这使应对措施一目了然，而且项目范围的扩大也清晰可见。

9.3　将工作成果和措施转移到工作包

根据工作成果清单和发布计划以及必要的措施，将工作成果和措施转移到工作包，这一子步骤是通过巧妙地界定工作范围，同时兼顾所定义的结构原则，"定制"具体的工作包。

这一工作所需的工作量因工作成果和措施的规模而异，应将其转移到相应的项目规划和控制工作包中。如果工作量过大，就必须要进一步细分；而如果工作量过小，则可尝试进行组合，这样可保证项目任务的均衡合理分配。工作成果和措施也可以根据项目结构标准进行细化。

在此子步骤仍可使用工作成果列表，并在相应的工作包中添加适当的内容，或者可以直接使用计划工具。

通常需要注意的是，工作成果和工作包两者之间可能存在以下 $m:n$（m，$n \geqslant 1$）的对应关系。

1）1:1 **对应**。一个工作成果对应一个工作包。这种对应方式应该是值得推荐的首选，其唯一性显而易见。

2）1:n **对应**。一个工作成果被分配给几个工作包。对于很难创建或涉及多个部门或专业的工作，建议使用此方式。

3）n:1 **对应**。希望在一个工作包中实现多个工作成果。在实践中应该尽量避免这种情况，因为这种形式下操作和管理都是非常困难的。

通常，除了纯粹创建工作成果之外，还有其他相关的次要任务，例如分析、审查或批准流程。如果有可能，这些附带任务也应包含在工作包的范围内。

9.4　描述工作包

工作包可以视为小型合同。与真正意义的合同一样，在项目中还应注意确保双方（通常是项目经理和子项目经理）都能正确理解合同内容，使合同具有约束力，并形成文档文件。

一般对于项目中常见的工作包，工作成果和工作步骤对所有相关人员都阐述得很清楚了。而对已经在其他地方明确定义的标准工作包（例如在过程描述中），详细的工作包描述可以免除。对这两种情况，只需简单地罗列出工作包的名称或关键词就足够了。但是，应始终尽可能全面地描述新的复杂的工作包，或者要委托外包的工作包。

如果对一个工作包所要投入的工作量是 20h，那么花费 20min 来描述其预期结果还算是较为合理的。

一个全面的工作包描述应该包含以下信息。

- 工作包名称。
- 项目结构规划编码和分类。
- 预期的工作成果和实施要求。从订单需求到工作成果（工作成果列表和发布计划）的追溯机制应该尽可能持续进行，以便真实了解到每个工作包中实现了哪些订单需求：需求－工作成果－发布－工作包。
- 所需的输入信息（工作成果、信息、决定、特殊资源和人员资质）。
- 所估计出的工作量（可在步骤 9 中添加）。
- 谁将对工作成果负责？（如果尚未指定某个员工，则可以输入项目组织中的一位负责人，员工姓名可以稍后添加）。
- 材料和差旅费用、许可证等。
- 项目接收者（谁正在等待工作成果）。
- 交付日期或需要该工作成果的后续工作包（"继任者"）。
- 已知的对其他工作包的依赖性。
- 在工作包较为复杂的情况下，应包括工作步骤、具体事项或中间成果以及相关的进程（表 9-2）。

表 9-2　工作包中的中间成果示例

工作包 "创建硬件布置" 的中间成果	进度
固定电路板尺寸	25%
放置电子元件，并绘制电路图	50%
故障查找、排除和校正	75%
布置方案获得发布批准	100%

从工作包到具体事项

针对制订时间规划（步骤 10），一个工作包被细分为若干个具体事项。借助这种方式可以更具体地落实项目工作，并且可以更好地体现项目工作与时间维度的依赖关系。

小型且简单的工作包可以 "1 : 1" 转移到一个具体事项上，但较大的工作包就必须分解成若干单独的具体事项。

此外，涉及多个专业部门或学科领域的工作包应该拆分成多个有针对性的具体事项，每个事项只能分配给一个特定的部门或学科。这不仅使以后的项目日程安排更加容易，而且还可降低计划本身的成本。

• 工作包名称应言简意赅。名称应该尽可能是简要明确的，并且可识别其具体含义，例如采用谓语加宾语形式：创建 2D 图样。

• 重复性的工作任务，例如创建项目状态报告、项目会议等，都可以组合成一个工作包或具体事项，例如在 Microsoft Project 中的重复性任务。

• 工作包的进度应粗略地以定量的方式定义，例如 50% 和 100%，或最多分为 25%、50%、75% 和 100%，即多是形式上的准确性。

• 一个工作包应该被拆解成可以在项目结构中明确分类的形式。如果这显然不可能，就需要再次细分该工作包。

• 一个工作包应该被拆解，以便可以清楚地分配给成本出处，这可简化以后的项目成本计算。

• 工作包应该削减，以使其实施所需的工作量在 1~20 人日之间。小于一个工作日的工作包会使项目内容过于杂乱繁多，并增加项目计划和控制的工作量，最后会产生一个太大的工作包。

9.5 创建项目结构规划

　　在明确确定和具体描述所有工作包之后，就应该根据所定义的结构化原则将它们组成一个整体。这就完成了整个项目的结构规划，它使整个项目任务一目了然，降低了遗忘或忽略某些工作的可能性。

　　项目结构规划可以以图形（图 9-4）或表格的形式（图 9-5）予以直观描述。其中都包含了大量组成元素（子项目、子任务、工作包等），表格形式通常更为清晰，更易于编辑，当然也可以使用日期规划软件工具创建，这时单独的项目结构规划文档则将不再需要。

　　项目结构规划必须包含所有工作包，每个结构要素本身要具有以下管理信息：结构元素的名称、编号和层次级别。如果要添加附加信息，应注意不要有信息冗余，以保证项目结构规划简洁明了。

　　应与规划团队或核心团队一起检查和评审项目结构计划的完整性。表 9-3 所列出的清单对此有所帮助。

建议

可使用不同的颜色描述项目结构图或表格内容，以在视觉上更清晰和简化。例如，可给每个子项目/专业分配一个特定的颜色，并在所有项目文档（项目结构规划、状态报告等）中统一使用这些颜色。

表 9-3　项目结构规划清单

清单：项目结构规划	
项目结构规划中是否充分体现了项目范围？（是否包括所有要求的工作成果和必要的措施？是否涵盖所有承诺的需求？）	☐
对照检查：每个工作包是否都用于创建所需的工作成果或实施必要的措施？如果不是，则检查是否要省略掉该工作包？	☐
每个工作包是否都清晰且有意义地予以制订？	☐
是否对每个工作包都进行了充分的描述？（预期成果、负责人、交付日期等）	☐
工作包、工作成果和合同需求间是否有相关联系（可追溯性）？	☐
是否考虑了项目管理、需求、变更、问题、配置和风险管理的工作范围？（包括项目规划、风险研讨会、流程介绍和流程合规控制等）	☐
是否兼顾了之前的规划步骤中的所有项目措施？（团队建设措施、项目营销、降低风险的预防措施等）	☐
项目结构规划中是否考虑了日常会议需求？	☐
是否考虑了所需的项目评估和审查？	☐
是否考虑到项目完成和移交的工作范围例如系列生产？	☐
是否检查过没有重复的工作范围？	☐

参考文献

Carnegie Mellon University: CMMI® for Development, Version 1.3. November 2010

DIN 69901:2009: Projektmanagement – Projektmanagementsysteme. Beuth, Berlin 2009

Gessler, M. (Hrsg.): Kompetenzbasiertes Projektmanagement (PM3) – Handbuch für die Projektarbeit, Qualifizierung und Zertifizierung, Band 1, 4. Auflage. GPM Deutsche Gesellschaft für Projektmanagement e. V., Nürnberg 2011

Hab, G.; Wagner R.: Projektmanagement in der Automobilindustrie, 4. Auflage. Springer Gabler, Wiesbaden 2013

Herrmann, A.; Knauss, E.; Weißbach, R. (Hrsg.): Requirements Engineering und Projektmanagement. Springer, Berlin 2013

Jakoby, W.: Projektmanagement für Ingenieure. Springer Fachmedien, Wiesbaden 2015

Kuster, J.: Handbuch Projektmanagement, 3. Auflage. Springer, Heidelberg 2011

Müller, M.; Hörmann, K.; Dittmann, L.; Zimmer, J.: Automotive SPICE in der Praxis: Interpretationshilfe für Anwender und Assessoren. dpunkt, Heidelberg 2007

Project Management Institute: A guide to the project management body of knowledge: PMBOK® guide 3rd Edition. Project Management Institute, Pennsylvania 2004

VDA QMC: Automotive SPICE 3.0. 2015

Vigenschow, A. U.; Hofmann, M.; Augstin, A.: APM – Agiles Projektmanagement – Anspruchsvolle Softwareprojekte erfolgreich steuern. dpunkt, Heidelberg 2015

第 10 章
步骤 9：估算人员工作量

如果必须向客户提供有约束力的报价，准确的成本估算至关重要——《项目管理手册》约克·库斯特（Jörg kuster）

10.1 / 简介

做法、输入和输出

此规划步骤的做法

步骤 9.1：确定具体措施。由谁去估计什么项目范围？应在何时以何种形式报告结果？使用哪种估算方法？

步骤 9.2：估算每个项目元素的工作量。要估算的项目元素有哪些？估算工作费用在何处入账？估算是基于什么假设？

步骤 9.3：检查和改进估算结果。如何检查估算结果的合理性？

此规划步骤的输入

• 项目结构规划和工作包。

• 早期项目阶段的工作量估算资料（例如报价阶段）。

• 类似项目的已有经验（工作量数据、员工经验）。

此规划步骤的输出

• 工作量估算。

人员工作量估算是项目日期和成本规划的基础（图 10-1）。如果不能确定项目所需的工作量，则无论是项目完成日期，还是项目工作范围所需的费用，都无法有理有据地给予说明。

　　另外，人员工作量在工程项目预算中是最重要的，因为这一成本通常在项目总成本中所占的比例最大。所以工作量估算对争取项目和项目成功都有直接影响。能够在短时间内做出可靠的工作量估算，这就是一种竞争优势！

图 10-1　估算实施项目订单需要多少人员工作量

　　即使可以参照早期项目阶段或类似项目的工作量估算结果，例如报价阶段，但也不应简单跳过此规划步骤。与此同时，项目范围和边界条件可能已经较过去发生了变化，这都需要重新了解和新的知识。现有的工作量估算结果仍可以用作参考、指导和比较。

　　工作量估算的准确性取决于所提供的信息质量。如同德国管理学家 Walter Jakoby 在他的著作（参见参考文献 Jakoby 2015）中所明确解释的：估算行为介于知识和猜测之间。他还写道：估算中的不确定性，即既不是一无所知，也不是完全了解，就是估算的显著特征。根据所提供的信息质量，估算结果可具有几种不同的定性质量：几乎可以确定、不确定或非常不确定（图 10-2）。估算的准确性还取决于实施人员是否有过类似项目的经验。

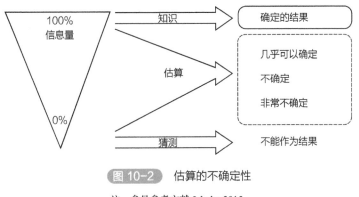

图 10-2　估算的不确定性

注：参见参考文献 Jakoby 2015。

在这一步骤中应该投入多少时间和精力？一般来说，所提供的信息量越丰富，估算本身的工作量也越大，显然估算准确度也随之提升。如果要求估算结果尽可能精确，就要将项目更加深入细分，增加子任务、工作包、事项的数量。同样，如果参与估算的人员越多，估算过程所需的时间也越长，这就需要多轮会议、审查和合理性讨论。所有这些都要求能找到一种折中的方法，在满足适当的估算精度和尽可能少的估算工作量之间取得某种平衡。通常，如果估算工作的工作量大约为项目总工作量的0.5%，则可认为是合理的。

估算的准确性还取决于所涉及的估算范围。通常来讲，这一范围越小，估算就越准确。一般随着项目的逐步推进，工作量估算会变得更加准确，这是因为估算的范围（剩余工作）随之逐渐缩小，而且信息准确度也会提高。也就是说，估算窗口将随着项目的推进而变小（图 10-3）。

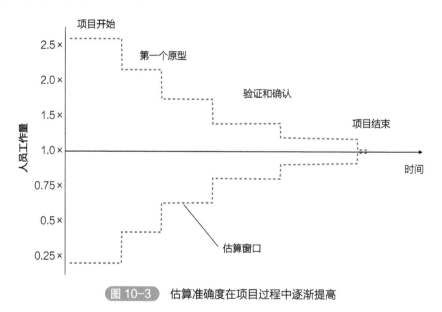

图 10-3　估算准确度在项目过程中逐渐提高

客观地讲，估算的准确性取决于以下几点。
- 信息水平（越高越准确）。
- 估算范围（越小越准确）。
- 估算工作量（越多越准确）。
- 估算方法（投入越大越准确）。

汽车工程项目的特殊性和挑战

•通常，在项目开始时，并非所有产品需求都是完整已知的，也不是可以被准确无误理解的。所以项目范围和工作量估算必须随着项目过程的推进不断进行调整。

•所谓可接受的工作量配额多是企业内部自上而下分配的。在进行详细的估算之前，必须尽早确认提交给客户的费用报价。

•工作量估算需要上级领导和项目管理人员之间合作进行，还要涉及多个部门科室。

•工作量估算的结果一般介于不同的利益相关者的愿望之间。对于上级领导层来说，他们所负责的企业范畴（科室、部门、集团）的经营盈利能力和重要性，将随着工作量的增加而增长，当然估算出的工作量越多，任务预算超支的风险就越低。因此，对上级管理层而言，安全可靠的估算是有意义的。但另一方面，产品经理和销售人员更希望能降低工作量，以保持项目的低成本费用，以提高企业对外的竞争能力。

•项目经理将对估算工作量的遵守情况进行监督评判，并负责向管理层和客户解释工作量完成情况。

•通常，工作量估算过程不够标准化。

10.2／ 确定具体措施

在估算工作开始之前，还应回答以下几个与此相关的关键问题。

•有多少时间可用以估算工作？

•谁负责估算哪些工作量内容？

•估算程度应该详细深入到什么程度？哪些项目结构元素构成了要进行估算的元素（子任务、工作包、具体事项）？

•应在何时报告估算结果？以何种形式报告？是否有工具和模板？

•产品和项目需求的完整程度如何？

•有哪些现有的经验可采用或参考（比如专家建议、早期或类似项目的经验数据）？

•使用哪种估算方法？

所有这些答案和相关决定都应记录在案，例如记录在项目手册中。

估算方法

如果粗略对估算方法进行分类，则可分为比较型估算方法和分析型估算方法。比较型估算方法就是直接与经验值进行比较以得出结论。而分析型估算方法是将经验值和已知条件的相互关系用数学公式或算法给予描述，其目的是标准化估算过程，并能

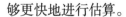

够更快地进行估算。

工作量估算工作可以由个人或小组承担。通常，当参与估算的人员具有大致相同的经验水平时，小组形式可取得更好的结果。

以下这些估算方法较为适用于估算汽车工程项目中的人员成本，通常它们既可以单独使用，也可以组合使用。

1）**简单自下而上地估算**。该方法将项目范围分解为多个估算元素，例如工作包。每个估算元素都由所涉及的具体人员（如果可能，尽可能是富有经验的）自己进行估算。然后将结果汇总到更高级别的估算元素或整体。这种最为简单的方法可以随意扩展，可多人参与估计，取所有估算结果的平均值，交付给其他人进行审查。这一方法可作为所有其他方法的基础。

2）**德尔菲法**。该方法由几位专家独立地估算所给定元素的工作量。然后向其他估算工作参与者汇报，说明和解释工作成果和有关假设。这种估算和说明通常是匿名进行的。多次重复该过程，使所有不同结果趋于一致。最后一轮估算之后，取平均值作为估计值。

3）**评估讨论会**。该方法由行业专家和企业专业人员一起讨论工作内容。如果可能，在达成一致性共识之前，项目人员公开集体讨论估算结果和假设，这一过程应由一个主持人组织，但他不发表对估算的个人意见。

4）**三点式估计**。该方法也称为计划评估和评审技术（**PERT**），它简化描述工作量的概率分布。对于每个被估计的元素，都要估计出三个值：一个乐观值 a（概率接近零，即所需工作量较小）、一个悲观值 b（概率接近零，即所需工作量较大）和一个期望值 c（极有可能发生，其概率最大）。最终的估算值 E 作为以上三个值的平均值，其中，期望值 c 的加权因子更大（此处该因子为 4）。该方法的计算公式如下。

$$E=(a+4c+b)/6$$

标准偏差 S 用于说明乐观和悲观估算相距多远，以表明估算的确定性，S 的值越大，估算越不确定。标准偏差可以近似计算如下。

$$S=(b-a)/6$$

5）**计划扑克**。估算工作在团队中进行，结合评估研讨会和德尔菲法。每个参与者都会收到一副基于递增数列的数字卡片。这些数字代表所估算的工作量，通常以人日为单位。

在该递增数列中，两个数字间的差距逐渐增加。这是基于一个显而易见的事实，即随着估算范围的增加，估算将变得不那么精确。每个参与者都将一张牌的正面朝下放在桌子上，该牌面的数字就是他的估计和建议。然后大家同时把自己的牌揭开，如果各个牌面数值之间存在差异，则立即进行讨论，然后再进入新一轮操作。通常在两三轮之后，结果差距就会缩小收敛，即趋于基本统一。这种方式还有助于更好地理解估算元素和所存在的挑战。当今这种估算方法已在敏捷项目管理中广为采用。

这样一组扑克卡片如图 10-4 所示。数字为 0 的卡片意味着该被估算元素所需的工作量太小，应与其他估算元素合并。而无穷大（∞）符号则意味着该被估算元素所需的工作量规模太大，应该进一步给予划分分解。如果卡片是问号，表示该参与者想表明他对该估算对象还没能够充分了解。如果参与者想表达稍事休息的愿望，则可以打出带有咖啡杯的卡片。

图 10-4　规划扑克牌组

注：该图来源于 Yvonne Brockerhof。

除了这些基础性的且独立于行业的估算方法外，还有更为具体的估算方法，比如针对软件开发，可使用构造性成本模型（Constructive Cost Model，COCOMO），这是一个基于软件度量、经验值和数学公式的软件开发成本估算方法；硬件和软件开发成本估算，或者称为功能价值法（Price -to-Win），它是基于软件应用程序的结构和复杂性估算软件开发成本。

很难说哪种方法最佳。既有高效的估算过程，还可提供良好结果的估算方法，一般都是基于企业项目量身定制的个性化方法，比如结合企业所拥有的特定产品数据库，这提供了难得的经验性保证。但其前提条件是标准化的项目结构，以便评估和对照比较多个项目的估算数据。

每个项目组织的目标都是希望跨项目的估算过程标准化，并提高估算结果的可靠性。这要求企业各自特定的估算过程要不断地改进和调整。

10.3 / 估算每个项目元素的工作量

被估算元素应该根据项目所指定的详细程度给予指定。一般来说，必须清楚地构建每个估算元素，并完整地定义其具体内容。在进行估算工作时，项目结构的划分一定要保持不变。

根据规定的程序和所选择的估算方法，必须对每个估算元素的工作量进行具体估算。所有估算元素的工作量之和构成整个项目人员的工作量。表 10-1 是一个估算结果示例。

表 10-1　人员工作量汇总表示例

项目结构规划编号	评估元素（事项/工作包）	假设/推导	人员工作量							
			成本出处 X		成本出处 Y		成本出处 Z		……	
			工作量/h	小时费用/欧元	工作量/h	小时费用/欧元	工作量/h	小时费用/欧元	……	
1.1.1	事项 1		24							
1.1.2	事项 2				16					
1.1.3	事项 3		80							
……										

根据工作量估算中选定的估算元素详细程度（子任务、工作包、流程），还可以具体确定后续计划步骤、项目时间和成本计划的详细程度。通常建议在具体事项级别进行估算。在任何情况下，估算出的工作量都应按其成本出处单独列示。这可简化后面的总成本费用计算，因为必须将不同的小时费率分配给各个不同的成本出处。

完成一项估算任务所需的工作量主要取决于估算人员、人员的技能和工作方式、任务的类型和数量，以及所配备的工作条件。如果具体员工是已知的，并且可以分配到具体估算要素，则就要在为他分配估算工作时考虑上述信息。

通常，估算工作范围（例如工作包）的工作量会随着与其他相关领域接口数量的增加而增加。比如一旦涉及多个学科、利益相关者、部门或员工，这类接口界面就会出现。所涉及的接口数量越多，估算工作任务就越复杂。在具体估算中应考虑由此产生的额外工作量。

所选择的项目实施地点也有一定的影响作用。如果员工的平均资质较低，加之存在语言交流和地域距离的障碍，即项目中的沟通障碍，这就要尽可能选择一个最佳的工作地点（Best-Cost-Standort）。

如果具体估算一个项目元素有些困难，则可检查和考虑该元素是否能进一步细分。一般在项目中，最小元素的工作量不应超过 10 个工作日。如果估算所需的信息不够充分，则可要求进一步补充信息，或适当地做出某些假设，但这些假设和推导都应明确说明并记录在案。

10.4 检查和改进估算结果

所估算的人员工作量是否在所预期的范围内？有关假设和推导是否合理并可以被理解？

必须检查所估算的工作量在数量和质量上的正确性，以确定是否还需要修改或引入其他措施。针对这两者要有不同的改进措施。

为了评估工作量的大小，可将估算结果与预算和期望值进行比较以确定是否高于项目报价所依据的成本值。如果超出先前的预期，就必须与客户进行商议。这就要回答以下若干问题：项目预算是否可以调整？是否将导致项目财务风险？如果估算值低于项目预算，多余的部分是否可以作为缓冲费用？在步骤 11，即估算成本中，将介绍有关如何降低工作量和成本的建议。

为了检查工作量估算的质量，必须审查和验证假设和推导的合理性，以及估算内容的完整性。验证工作可由项目成员或外部人员以个人或小组的形式进行。利用企业和产品特定的审查清单对此非常有帮助。例如表 10-2 的清单，可作为制订项目清单的参考。对于大型项目，最好征询外部专家和顾问的意见；对于某些选定的项目范围，也可适当地去了解和比较其他企业的报价。

表 10-2　工作量估算清单

清单：工作量估算	
是否充分考虑了项目范围（所有项目结构要素）？	□
假设和推导是否合理并可以被理解？	□
估算结果的数量级是否合理？	□
是否记录了谁做出了哪些假设以及使用了哪些方法？	□
估算对象是否足够详细和明确地给予定义以使其真正有意义？	□
是否也对比和评估了与预期（先前的估计、预算、目标）的偏差？	□
是否考虑了缓冲空间？能否明确确认在资源配备上有储备？	□
如何评价估算结果的准确性（"几乎确定""不确定"还是"非常不确定"）？	□

同时，检验估算结果的合理性也可以将其与他人所做出的估算、早期项目的数据或可参照的项目进行对比，可能会意外地从中获得启发。或者通过"玩数字游戏"，即将人员工作量以线性或 S 形曲线的形式分配。还可有意识地提出以下问题：单位时

间（月、季度等）的工作量是否与其他项目相当？真有那么多可支配的员工吗？当然还可以更细化些，具体比较单一的子项目、项目阶段或发布。可考虑以下问题：它们之间的关系是否合理？如何解释它们之间的差异？

显然，过于安全保守的估算会降低企业的竞争力。简单通过工作指令向下传达降低工作量的要求，可能会导致员工产生抱怨和失落情绪。这正如构造性成本模型之父 Barry W. Boehm 所言（参见参考文献 Boehm 1981）："以价格取胜，可以为许多企业赢得大量软件订单，但后来大多数这类企业都倒闭了。"

如果在估算结果中弄虚作假，这通常表明有关各方之间缺乏真正的互信。要获得一个良好的估算结果，其真正的基础是企业管理层、专业部门和规划或项目团队之间的信任合作。

估算总是意味着有不确定性，而不确定性总是意味着项目管理中会出现风险。

然而，到目前为止，工作量估算始终是在没有考虑缓冲余地的情况下进行的！这里所谓的缓冲，是指为了降低估算的不确定性，在资源配备上预留一定的储备，此部分内容可详见步骤 11，估算成本。应使估算能尊重和反映事实真相，并允许项目经理有一定的项目储备资源。

- 如果结果认为工作量过大，就应始终对估算的质量（正确性）提出疑问。
- 在报告工作量估算的结果时，要始终确认该估算的质量。它只是一个粗略性的指标，还是一个基于某种详细程度的定性性看法（"几乎确定""不确定""非常不确定"）？
- 通常，根据项目管理经验，估算工作本身的工作量应约为总规划工作量的 5%~10%。

参考文献

Boehm, B.: Software Engineering Economics. Prentice Hall, Englewood Cliffs 1981

Carnegie Mellon University: CMMI® for Development, Version 1.3. November 2010

DIN 69901:2009: Projektmanagement – Projektmanagementsysteme. Beuth, Berlin 2009

Herrmann, A.; Knauss, E.; Weißbach, R. (Hrsg.): Requirements Engineering und Projektmanagement. Springer, Berlin 2013

Jakoby, W.: Projektmanagement für Ingenieure. Springer Fachmedien, Wiesbaden 2015

Kuster, J.: Handbuch Projektmanagement, 3. Auflage. Springer, Heidelberg 2011

Müller, M.; Hörmann, K.; Dittmann, L.; Zimmer, J.: Automotive SPICE in der Praxis: Interpretationshilfe für Anwender und Assessoren. dpunkt, Heidelberg 2007

Oestereich, B.; Weiss, C.: APM – Agiles Projektmanagement – Erfolgreiches Timeboxing für IT-Projekte. dpunkt, Heidelberg 2008

Preußig, J.: Agiles Projektmanagement. Haufe, Freiburg 2015

Project Management Institute: A guide to the project management body of knowledge: PMBOK® guide 3rd Edition. Project Management Institute, Pennsylvania 2004

VDA QMC: Automotive SPICE 3.0. 2015

第 11 章
步骤 10：制订时间规划

一个项目中最有价值的东西就是时间管理，即正确地使用时间。

套用李小龙的话就是"生命中最宝贵的东西是时间，活着就是正确地使用时间。"

11.1 简介

  做法、输入和输出

此规划步骤的做法

步骤 10.1：确定具体做法。由谁来规划什么范围？何时以何种形式汇报结果？以哪种工具 / 格式制订时间规划？

步骤 10.2：定义项目里程碑。项目需要哪些控制和同步时间节点？哪些工作成果必须在这些时间节点交付？

步骤 10.3：确定具体事项之间的布局。具体工作应该按什么顺序进行处理？如何将其安排进日程？

步骤 10.4：配备人力和物质资源。哪些员工将负责哪个具体事项？还需要什么物质资源？

步骤 10.5：创建项目时间规划。

此规划步骤的输入

• 发布计划。

• 项目组织。

• 项目结构规划、工作包。

• 人员工作量估算。

此规划步骤的输出

• 项目时间表，包含里程碑以及人力和物质资源计划。

如果不对一个项目中的每个具体事项在时间上进行安排，就不可能正确地控制项目。因此，时间规划是项目管理的一个核心内容，即需要制订一个项目时间表以明确以下事项。

- 评估是否可以通过计划实现所需的交付日期。
- 确定在时间上对人力和物质资源的需求。
- 分配项目工作（人员、内容、时间）。
- 评估项目在时间上的进度。
- 评估项目实施发生变化时对交付日期的影响。
- 设定项目实施的优先级（人员和资源瓶颈、关键路径）。

作为项目规划的一部分，有必要制订一个具有前瞻性的项目时间表，即根据项目开始的时间，计算最早可行的各个阶段性交付日期和项目完成时间。安排项目中所有具体事项在时间上的排序和逻辑联系，就像一串珍珠一样，在时间维度上构成项目管理的基础。

对项目进度的质量起决定性影响的是，首先按企业实际情况进行前瞻性规划，然后对照项目最后的期限（例如项目订单的要求）确定具体规划，并制订可确保项目期限的各种措施。

 关键路径

　　所谓的关键路径是指在项目或某个项目范围中，多个没有时间缓冲余地的相关事项的链条。这意味着其中任何一个环节在实施时间中出现的变化，都将对整个项目的完成日期造成影响。因此，这种关键路径直接影响项目在时间维度上的进展。

流程图，又称为甘特图（图 11-1），可在时间上象征性地描述项目进度。但项目进度表远不止这些，它还包含许多其他重要的指标信息。一个项目的时间规划是多维度的，它跨越时间、项目结构、工作量、资源（人员和设备）可用性以及各个相关事项间的依赖关系。所有这些因素都会对项目进展和完成日期产生重要影响，这是项目计划的一个固定组成部分。也正是由于这种多维特性，对于一个较为复杂的项目只能以迭代形式制订项目时间规划。

应避免仅一次性创建完成项目时间计划。这种做法很容易让人迷失在海量信息数据中。相反，应该分步进行，连续修改和完善。

由于项目环境条件和客户需求可能在项目进行中发生变化，因此，可首先考虑在有限的时间段内，例如将 4~6 个月作为一个项目阶段，按照项目结构创建一个较为详

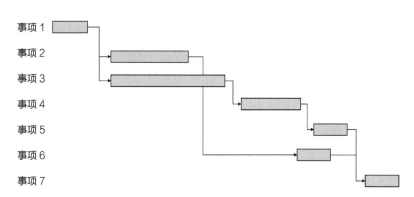

图 11-1 甘特图：项目活动的时间顺序

细的时间规划。在项目进行过程中，将剩余的工作分配到相应的项目部分，并粗略估计项目阶段的持续时间。注意项目结构规划必须在项目时间表中予以保证！

图 11-2 显示了一个汽车工程项目的时间计划。其中，里程碑（项目里程碑和阶段性里程碑）以条形块的形式描述，这一结构对应于步骤 8 中提出的项目结构。

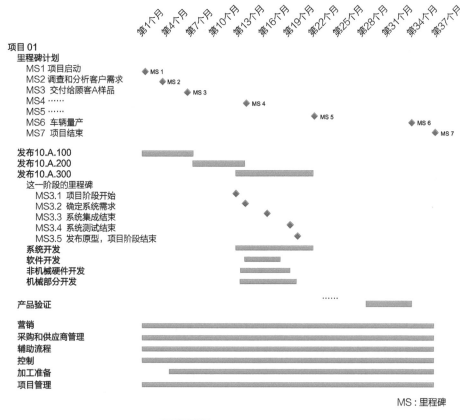

图 11-2 项目时间计划示例

当今要制订出专业性的项目进度计划，还需要掌握现代化的计划软件工具，了解执行项目订单所需的工作流程，并了解所需人力和企业资源的可用性。这类软件工具的使用方法也不是不言自明的，需要一个学习和熟练的过程，即使对于有经验的项目经理也是如此。像 Microsoft Project 这样的软件工具，在一定程度上没有经验的使用者可以凭借直觉操作，当然，如果比较熟悉 Microsoft Excel，相对就更容易熟悉和掌握 Microsoft Project。这种项目时间表要求填写入大量实质性内容，这就超出了软件本身的意义。为了能正确使用软件，最好理解程序背后的逻辑。

只有当将所掌握的理论通过工具转化为结果时，理论才显现出其实际价值！项目中的工作都是由具体的内容和其时间安排所确定的。项目时间规划的质量还取决于计划者对工作步骤及其实质性内容的了解程度。人力资质和资源决定了具体工作所需要的时间，这就是为什么人员和资源计划与时间规划紧密相关。在本书中，人员和资源计划被认为是时间规划结果中的一部分。

 汽车工程项目的特殊性和挑战

• 项目时间和交付日期通常是"自上而下"计划的。根据车辆量产日期，推算出所有系统和组件的交付日期。

• 产品开发型项目的持续时间通常为 3~5 年，通常包含样品阶段（A、B、C 和 D 样品）。批量生产的准备工作与开发同时进行。

• 系统和组件供应商如果想赢得订单，通常必须根据粗略的计划，做出最后交付期限承诺，甚至在详细分析需求之前就必须做出。

• 行业竞争对项目期限提出了挑战。随着项目的推进，交付日期常会引发各种冲突。

• 交付日期的优先级通常高于交付范围。

• 通常要在许多地方对日期规划进行记录和修改，例如项目日程表、日志条目、未结项目清单，用于跟踪项目更改和问题处理。

• 项目日程安排通常在上级管理层和项目管理之间进行，通常会涉及多个部门科室。

• 在日期规划中经常没有充分考虑不同事项之间的依赖关系。

• 项目时间规划通常被认为仅是一项简单的工作，只是填写些时间表格。所需的时间、工作量投入、人员资质往往被低估。

 一个总时间表还是多个分时间表组合？

在实践中，一个项目可能要包含数千个具体工作，以了降低计划工作的复杂性，一般可将项目在时间上的进度划分为多个子进度。通常是由项目经理在总体计划中，对项目主要里程碑和大致范围进行规划。而在各个工作包中再制订详细规划或时间表。

采用多个分时间表的好处如下。

• 每个时间规划需要的工作量可减少。

• 不同的规划人员可同时进行各自的规划。

仅一个总体时间表的好处如下。

• 同步各个项目工作的工作量减少，因为项目中的流程和里程碑都可以直接关联。

• 更改项目结构或里程碑时的工作量更少，因为只需在一个文档中进行更改。

• 可更好地描述项目中具体事项之间的依赖关系。

• 降低了误解或忽略项目中各项工作依赖关系的风险。

• 项目计划数量减少，因为各个结构元素和里程碑不必反映在多个计划中。

• 计划和实际数据汇总形成一个文档，更容易进行评估（包括比较计划／实际工作量、完成程度、员工利用率等）。

但创建和维护一个总体计划既耗时又复杂，但总体而言肯定比创建和维护多个子计划要更简单易行。在大型项目中，就要设置全职项目进度管理经理，以监督和控制总体规划，并始终维护其最新状态，这是值得推荐的。

 敏捷项目管理中的时间规划

对于敏捷项目管理中的时间规划，经常会提到以下规划的详细内容：产品路线图、发布计划、冲刺计划和任务计划。

工作内容和任务的详细进度计划只针对下一次迭代或之后的迭代，这里的计划范围通常只有几个星期。中长期规划也很粗略，它通常由产品路线图（Product Roadmap）、产品待办事项（Product Backlog，所有产品需求的集合及实施顺序的优先级）以及迭代的数量和每个迭代的持续时间组成。通常不需要按时间顺序连接的过程来制订时间表，而多是采用网络式计划。

例如，在敏捷过程模型中，计划包括从产品列表中选择的要实现的需求，并在每次迭代之前定义相关任务，这就是所谓的冲刺计划，但并没有描述长期性计划。

敏捷项目管理中的一项核心观念是时间盒。这一观念要求项目严格遵守时间规范，不得超过所定义的时间窗口，这适用于迭代期间以及整个项目持续时间，同样也适用于项目会议——一个小时就是一个小时！如果时间窗口不够，就必须推迟到下一个时间窗口。如果工作成果延迟产出，则不推迟发布、交付日期，但工作成果交付可以重新计划安排到以后的发布。

无论是传统管理模式还是敏捷管理模式，项目时间表都必须快速地适应新的需求和变化，并逐步地改进和完善。这也许是敏捷项目管理中的一个关键观点，即时间规划属于项目团队！计划不是由项目经理制订创建的，而是由开发团队自己制订的。

11.2 确定具体做法

在真正开始时间规划之前，应该回答以下几个与具体做法相关的关键问题。

- 规划应该有多么详细？达到哪个项目结构级别？但详细程度应与工作量估算相符！
- 谁去计划哪个项目范围？要将项目结构要素分配给负责计划的人员。
- 应该使用哪种工具进行时间规划？是否有什么模板可以使用？
- 采用一个总时间表还是多个分时间表？
- 到何时要提供时间规划的部分结果，即里程碑计划、布局关系、人员和资源计划？
- 必须由谁批准时间表？谁必须对此表态？

这些工作应作为规范记录在案，例如在项目手册中。

提 示

部分时间规划的步骤可以直接用软件完成。

如果参与人员尚未接受过使用这类软件工具的专门培训，或者没有许可证，则仍可使用更常见的工具，例如对子步骤 10.2~10.4，采用 Microsoft Excel。然后在步骤 10.5 中，由项目经理将这部分的结果转换到软件系统内。

11.3 定义项目里程碑

项目里程碑可具有多种功能。基于里程碑可按项目时间顺序细分项目进程，并将项目的工作成果分布在多个时间阶段，可认为是项目状况的测量监测点。此外，里程碑可用于同步协调具有不同迭代间隔的专业领域。此外，项目中的里程碑是必要的，有里程碑才可以使用成熟度标准和检查表，例如质量门（Quality Gates）和决策门（Decision Gates），以确定在选定时间点所实现的项目进度和所达到的产品成熟度。

里程碑如同项目中必须要克服的难题，也可认为是对项目健康状况的定期检查。如果没有达到里程碑，而是选择绕道而行或照旧继续，这就如同放弃和忽略初衷，存在的问题只是被延迟推后，因此，里程碑对于项目的成功甚为关键。

可以在项目计划中定义和描述里程碑的内容。图 11-3 显示了一个 Microsoft Project 中的里程碑计划示例，可以直接将里程碑输入项目时间规划软件系统，比如图中的黑色菱形方块（MS1~MS7）。具体做法如下。

- 确定里程碑的数量，并根据功能命名里程碑。
- 定义每个里程碑的具体内容。

- 为每个里程碑大致计划一个实现期限。
- 确定谁负责每个里程碑的验收。

编号 （文字）	里程碑 （过程名）	以下工作成果必须包括在内 （注释）	限期 （日期）	确认 （文字）
	项目启动	项目订单，项目规划发布	×××年××月××日	客户
MS2	……	……	……	……
……				

MS：里程碑

图 11-3 里程碑计划示例

确定里程碑的数量并定义里程碑的含义。确定在项目进行中，在哪些时间点需要里程碑。里程碑的意义应该体现在它的名称中，并且要求其结果是明确易见的，例如"软件已实现"。里程碑的名字常用某些缩写形式表达，比如"实施冻结"。但只有在所有参与者都明确理解其意义的情况下才可采用，以避免引起不必要的误解和疑惑。

可以在每个项目结构级别上定义里程碑：项目里程碑、阶段里程碑、子项目里程碑，甚至工作包中的小里程碑。对于一个项目经理来说，项目里程碑通常是他要规划和监督的重点。

要按照项目结构划分，特别是根据项目阶段确定和创建里程碑的框架。通常，项目里程碑应在以下项目时间点给予设置。

- 项目开始和结束。
- 每个项目阶段完成。
- 向客户发布 / 交付工作成果。
- 对项目进度或产品成熟度进行必要的阶段性检验。
- 对过程符合性进行必要的审查和确认，例如根据 ISO 26262-2:2011 6.4.8 和 6.4.9 对 Automotive SPICE、ISO 26262、功能安全审核和功能安全评估进行审核和评估。
- 多个专业部门的同步聚焦点，例如系统集成。

如果开发过程中指定了具体的里程碑，那么在时间规划中当然也必须考虑这些里程碑。

项目中需要多少个里程碑？这里还应注意，要确保里程碑和项目工作量之间的融合关系。过多的里程碑会增加计划和控制工作量，而太少又会导致难以监控项目进度。在这里"黄金 7"仍可作为借鉴，即每个项目结构级别大约有七个里程碑，更具体而言就是每个里程碑大约对应七个工作成果。

通常可用缩写标识里程碑，对其进行连续编号，有助于其在时间上的排序，这样可以简单且明确地指代它们，例如 MS1、MS1.1、MS1.2、MS2 等。编号和细分规则应基于项目结构。

定义里程碑的实际内容。对于每个里程碑都要定义哪些工作成果在该时间点必须交付，以及应该达到什么成熟度级别。不要把一个里程碑简单地认为只是一个计划日期标记，而更重要的是其所对应的工作成果应具有预定的可使用性，并要按预定的要求进行审核并获得发布批准。因此必须始终根据项目实际状态，客观实际地评估是否已真正达到了预期的里程碑。

粗略规划里程碑日期。大约在什么时候应该达到哪个里程碑？对此制订一个非常粗略的计划就足够了，更准确的时间可在稍后的项目实施中进行调整，可借助日期规划软件计算。在这类软件系统中输入里程碑时，应注意确保将日期输入为预定的目标日期（Target Date），而并不是必须遵守不变的日期（Deadline），以免妨碍进行前瞻性项目规划，这在 Microsoft Project 中称为截止日期。

决定谁负责验收。必须确定由谁接收、验收和批准里程碑。如果在截止日期前还没有达到里程碑，还要决定哪个个人、项目角色或组织必须参与、确认和决定后续的工作内容。

里程碑概括总结了项目在某个时间节点的工作成果！

评价达到里程碑的决定性因素是工作成果的可使用性、内容完整性和成熟度，但达到要求的时间点有时不得不被推迟。

这一原则同样适用于评估所有项目进度或产品成熟度，例如质量门、决策门等。在敏捷项目管理中，时间盒概念通常也适用于发布里程碑，即截止日期保持固定，未完成的工作成果需要重新安排。

提　示

根据上述定义，里程碑就是一个时间点，因此其持续时间为"零"。然而，里程碑总是与一定的工作量相关联，这些工作量是审查、接收、发布活动和开展进一步行动所涉及的决策过程（风险评估、行动计划等）所需要的。在项目总成本估算中，也应考虑这部分成本。在 Microsoft Project 中，可以按照与具体事项相同的管理方式管理这部分工作量。

11.4 确定具体事项之间的布局

为了将多个具体事项纳入其逻辑处理顺序，就必须确定每个事项与其他事项之间的依赖关系。这种依赖关系来自开发流程，即所指定的过程序列，以及事项需求之间的依赖关系，并以简化的方式对应到项目进度计划中，即所谓的事项布局关系。通过这一系列的布局关系，项目中所有具体事项和里程碑都可以连接起来，就像一串"珍珠项链"。只有这样才可能识别出描述和监管项目的关键路径。

对于所考虑项目范围内的每个具体事项，都必须确定与其前序事项和相应的布局关系。其结果可以记录在事项进程列表中，如图 11-4 所示，或者直接输入到项目日期规划软件中。

事项列表: 项目X			
项目结构 规划编号	事项名称	前序事项	事项安排
PRJ1-R10-HW.1	硬件需求分析	PRJ1-R10-SYS.2	
PRJ1-R10-HW.2	硬件架构设计	······-SYS.3 ······-HW.1	NF -5 NF -5
PRJ1-R10-HW.3.1.1	硬件模块1: 电路设计	······-HW.2	
PRJ1-R10-HW.3.1.2	硬件模块1: 布局设计	······-HW.3.1	NF -3
PRJ1-R10-HW.3.1.3	硬件模块1: 集成	······-HW.3.1	
······	······	······	
NF表示正常序列。AF表示初始序列。EF表示最终序列。无信息表示无时间间隔的正常序列。n/-n表示 以人日为单位的最小时间间隔(+表示后序向未来转移或前序向过去转移; —表示后序迷失了未来的方向)			

图 11-4 事项列表（子项目：硬件）

对此，工作包及其描述、开发流程和企业员工的经验通常是最重要的信息来源。复杂项目中所有事项间的依赖关系可能永远不能确定，但对于项目时间规划而言，尽可能多地识别出依赖关系就足够了，借此就可以确定具体事项的处理顺序。

图 11-5 显示了一个汽车工程项目中部分项目时间进度表。这个示例基于 Automotive SPICE（V 模型），其中具体事项间的关系用箭头表示，注意这里只有正常序列。

就安排具体事项之间的顺序关系而言，汽车工程项目中以下三种类型很常用。

1）正常顺序，也称为结束 – 开始关系，即一个事项只有在其前序事项完成后才能开始。例如创建 3D 模型 – 创建 2D 图样。

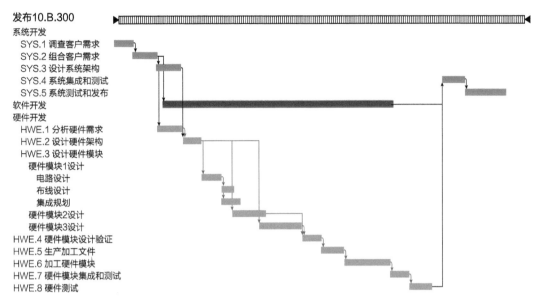

发布10.B.300
系统开发
　　SYS.1 调查客户需求
　　SYS.2 组合客户需求
　　SYS.3 设计系统架构
　　SYS.4 系统集成和测试
　　SYS.5 系统测试和发布
软件开发
硬件开发
　　HWE.1 分析硬件需求
　　HWE.2 设计硬件架构
　　HWE.3 设计硬件模块
　　　硬件模块1设计
　　　　电路设计
　　　　布线设计
　　　　集成规划
　　　硬件模块2设计
　　　硬件模块3设计
　　HWE.4 硬件模块设计验证
　　HWE.5 生产加工文件
　　HWE.6 加工硬件模块
　　HWE.7 硬件模块集成和测试
　　HWE.8 硬件测试

图 11-5　开发过程和需求之间的依赖关系必须反映在项目时间进度表中（以 V- 循环为例）

2）**初始顺序**，也称为开始 – 开始关系，即一个事项可以在前序事项启动后就立即开始，例如确定工作成果 – 分析需求。

3）**结束顺序**，也称为结束 – 结束关系，即一个事项只有在其前序事项完成后才能算完成，例如创建测试报告 – 进行测试。

事项之间的时间差异也可以用正、负时间间隔来表示。

项目中的每个具体事项都必须至少有一个前序事项（事项或里程碑）！

一个事项也可以有多个前序和后序事项。通常确定其前序事项就足够了，后继事项与前序事项是相辅相成的。

建　议

　•项目中的大多数事项都可以，而且应该通过正常顺序关联。这种关系使项目时间表更一目了然，且易于解读。

　•应该在团队合作中制订事项关系，以便能兼顾到尽可能多的工作内容。现在计算机可视化技术有助于描述和再现这种关系，并提供在线讨论平台。当然也可以采用传统的工作方式，例如，在研讨会上借助插针板工作，将事项和里程碑记录在卡片上，用线绳相互连接，描述其排列顺序。为了降低这一工作的复杂性，建议每个研讨会只能考虑项目中的一部分范畴，例如一个发布或一个专业领域。

　•如果可能，项目阶段间不应有重叠！在连接项目阶段（发布、样品阶段、V 循环）时，应注意将前一项目阶段的经验知识，特别是由验证和确认、里程碑审核和回顾中所获得的经验纳入每个后续项目阶段，以更新项目需求和项目规划。

11.5 / 配备人力和物质资源

显而易见，人力和物质资源也能直接影响具体事项实施的持续时间。在不考虑这二者的情况下，项目时间规划完全属于虚拟和假设。因此，人力和物质资源计划通常也统称为资源计划，对于真正实质性的项目时间规划至关重要。可将此理解为组建项目团队（步骤 5）的延续，是更为实质性的内容的添加和补充。在这个计划步骤中，项目管理人员和为其提供资源的上级管理层之间的相互信任、商议和密切合作是必不可少的。

具体做法如下。

- 将员工（按姓名）分配给每个具体工作事项。
- 确定每位员工的可用性和工作效率。
- 为每个具体事项配备物质资源。

不少企业的某些物质资源较为短缺，比如测试平台、测试车辆、工具许可证等。这就要求将一个或多个员工分配给一个具体事项。通常当一名员工专注处理一个具体事项时，这项工作的效率最高，但无论如何都应确保一个事项仅划归于一个成本出处。否则，确定成本费用、协调工作和划分责任等类的管理工作将非常困难。

只需近似地确定每个员工的可用性（例如以每个工作日的小时数为单位）和员工效率系数（其值为 0~1）。要将每个员工的正常工作时间完整地反映在项目日程安排中，企业假期、社会公共假日、长时间缺勤等非生产性时间也要同时兼顾。在 Microsoft Project 中，这意味着必须适当地调整项目日历、任务日历和资源日历。

在理想情况下，人力和物质资源的可用性和效率都应及时直接输入给时间规划系统。

 人员可用性和效率决定了具体事项的持续时间

可使用以下公式简化计算一个事项的持续时间：

$$事项持续时间 = \frac{工作量}{人员可用性 \times 工作效率}$$

式中，工作量以时间为单位，例如 h；人员可用性以每个工作日的小时数为单位；工作效率作为系数，其值为 0~1，以"工作日"作为事项持续时间的单位。

通过上述效率系数，还可以推算出员工经验、业务能力、动机和工作条件对事项持续时间的影响。可见，其最佳取值为 1（相当于 100%），即可最有效地利用整个工作时间。

　　如果员工缺乏工作经验，又无法在现场工作，只能通过网络会议交流，或者同时还承接了多个项目，或因语言障碍导致交流困难，则其工作效率将可能会大幅度降低。同样，当几个员工同时接手一个具体事项，每个人的工作效率通常都会降低，因为这时互相协调的需求增加了。

　　仍需要注意的是，企业组织中的员工可用性总是小于其理论值，因为还必须考虑培训学习、自身组织工作、病事假和非业务性职责（例如安全员、救急员）。现实的可用率通常是理论值的 60%~80%。

　　以上述方式确定一个具体事项所需的持续时间，这当然是一个很大程度的简化。实际工作量和员工效率都无法精确确定，只能是基于粗略的估计。另外还有一个很有趣的现象在实践中经常可以观察到，被称为帕金森定律，即"工作总会填满它可用的时间"。这句话真正的意思是：就算给一个人再多的时间，他也总会在最后一分钟才完成需要做的工作。这个具有讽刺意味的陈述出自英国社会学家诺斯古德·帕金森（C. Northcote Parkinson）1955 年的著作，尽管具有讽刺意味，但的确反映了社会的一些现实状况。

提　示

　　•最迟在当前阶段就应该落实项目组织结构，确切地知道项目中所有人员的信息。如果仍不能给某一具体事项配备人员，为了进行进一步规划，可暂时虚构员工姓名，例如写作"无名"。还要注意评估由此带来的风险，尽早采取具体的人事措施，以填补所需要的岗位。

　　•只有当项目人力和物质资源在项目进展过程中的可用率都明确无误时，人力和物质资源计划才算真正完整。这项工作一定要在项目时间维度上分配给具体事项，并在组织安排上予以确认。

建　议

　　一个具体事项中所涉及的人员越多，工作的平均效率就越低。一方面，需要在相互协作和沟通上投入时间和精力；另一方面，还必须考虑工作任务之间的依赖、延迟和等待。在人员计划中可以通过适当减少实际参与人员来尽量避免这一点。

11.6　创建项目时间规划

　　既然前面各步骤所提供的数据都已准备好，现在就可以创建项目时间规划了。最迟在当前阶段就应该使用项目时间规划软件工具。本书以 Microsoft Project 为例，简要地介绍项目日程的创建过程，但无论使用何种工具，过程一般是基本相同和通用的。

鉴于前面所提到的时间规划多维性，规划工作只能从有限数量的具体事项开始，迭代性地创建和修改。首先输入一些初始性数据，比如里程碑，事项和相关费用，与前序事项、员工和企业资源的关系，以此创建一个初始计划。然后必须在后续的多个优化循环中不断地进行检查、补充和修改，直到计划完整性达到一定的要求，参与者对此达成一致就可以截止了。此外，应始终检查是否可以缩短项目工期，即所谓的项目进度优化。

图 11-6 概述了使用 Microsoft Project 创建项目时间规划的流程，该过程将在后面给予具体说明。

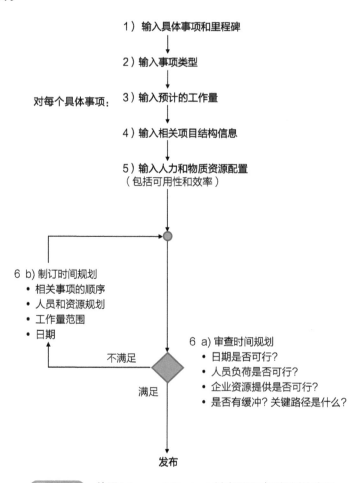

图 11-6　使用 Microsoft Project 创建项目时间规划的流程

提　示

　　精确到每个工作日的规划很难制订且难以执行，在大多数情况下，制订这种规划根本没有必要，并非明智的做法。现实世界只能以某种理想化的方式简化描绘。如果将多个任务分配给了一个员工，应该允许他在规定的期限内，自行决定何时执行哪项任务。如果交付时间以特定的时间间隔定义，就能以足够的准确度跟踪工作进度。在敏捷项目管理中，迭代或冲刺恰好具有此功能。例如，约定具体工作的截止日期，这通常是在月底或里程碑时间点，团队在此时间间隔内自行安排工作进度。

　　试图将人力和物质资源在时间上极为精确地分配，通常会导致一种官僚行政式的工作作风。这给相关人员带来不必要的工作负担，需要不断地制订细节计划，而其实际效果并不好。对计划和控制项目而言，每周，甚至每月检查一下人员和资源使用情况就足够了。

　　1）**输入具体事项和里程碑信息**。在计划的项目范围内，应将项目结构完整地对应入时间规划内。如果尚未这样做，最迟在当前阶段就应将里程碑和具体事项输入系统中的"事项名称"栏。

　　在 Microsoft Project 中，项目结构规划使用的是事项汇总法。

　　必须根据里程碑规划输入项目中各个里程碑，在前瞻性计划中，如果有可能，就应输入相关日期作为截止日期。

　　里程碑可以汇总在日程表的事项汇总中，也可以按时间顺序从上到下地分配给相关的具体事项。可采用多个事项汇总的里程碑，例如项目里程碑、客户里程碑、项目某阶段的里程碑等，这会使时间进度表更为简洁清晰。

　　需要注意的是，Microsoft Project 软件可独立进行项目结构规划编码。但是，也可以在"项目结构规划编码"一栏下输入用户自定义的编码。

　　2）**输入事项类型**。指定每个具体事项的类型。事项类型决定了 Microsoft Project 在进行更改时如何自动调整参数，即持续时间（Duration）、单位（Unit）和工作量（Effort）。通过固定其中一个参数，当其他两个参数中的一个参数发生变化时，另外一个会自动调整（表 11-1）。工程项目中的大多数事项的类型属于"固定工作"。

表 11-1　Microsoft Project 中的事项类型

事项类型	持续时间改变时的计算	单位更改时的计算	工作改变（工作量）时的计算
固定工作	单位重新计算	持续时间重新计算	持续时间重新计算
固定单位	工作重新计算	持续时间重新计算	持续时间重新计算
固定持续时间	工作重新计算	工作重新计算	单位重新计算

为了在 Microsoft Project 中输入事项类型，可打开事项信息栏，在选项卡"扩展"里选择事项类型列表中的类型。也可逐步通过菜单栏选取，即文件 > 选项 > 日期规划，定义一个事项的标准类型。

3）**输入预计的工作量**。对于每个具体事项，在"计划的工作"一栏中输入所预计的工作量。

4）**输入相关项目结构信息**。对于每个具体事项，在"前序事项"一栏中输入它的前序事项，如果可能，可填入两者间的时间间隔。

5）**输入人力和物质资源配置**。在"资源名称"一栏中为每个事项分配人员和企业资源。对于每位员工，还要在其"单位"一栏中输入他的可用性和效率。项目进行过程中要持续地维护项目、事项和资源日历。

6）**审查和制订时间规划**。要存档保留基于上述 5 步得到的最初的时间表。在项目进行过程中必须经常审查和调整，以确保它们的完整性和一致性。

至少还应该检查里程碑是否在预期的期限内达到了，是否满足客户所要求的交付日期，员工使用率是否在可接受的范围内，以及还有多少时间缓冲，特别是对于关键路径。对此，表 11-2 列出了一份审查清单，其中包含审查所需的信息和若干建议。

另外，表 11-3 还列举了时间规划优化的常用选项。请记住，根据前面所介绍过的项目管理三角形中的固有约束关系，对截止日期的更改总是会对成本和 / 或工作量产生一定的影响。因此，就必须与客户商议相关的优化措施及其附加影响，例如更高的成本费用。通常，通过省略或缩短评审、测试或验收等质量保证措施来缩短项目工期的做法都是不可接受的。就是说，绝不能用风险来换取时间！

万不得已的情况是规划表明尽管采取了各项可能的优化措施，但仍无法满足客户订单所要求的交付日期，则必须与客户（可能还有其他利益相关者）一起认真商讨，是否可以缩小订单范围或推迟交付日期。但只有一件事不能做：对项目管理三角形视而不见。

表 11-2 项目时间规划清单

清单：项目时间规划	
所有计划项目范围内的工作包 / 工作成果是否都包含在项目进度表中了？	☐
项目日期规划的结构是否与项目结构规划相匹配？	☐
客户和项目委托者是否可以接受所预计的交付日期？	☐
项目阶段的持续时间是否符合现实（与同类项目比较）？	☐
每个具体事项是否至少有一个前序事项（事项或里程碑）？	☐
是否检查并确认了事项安排的完整性和合理性？	☐
预计的工作量是否已正确地输入到计划表中？ 提示：阶段性比较估算工作量、进度表中列出的工作量、子项目和整个项目的工作量	☐

（续）

清单：项目时间规划	
是否已将员工（按姓名）和企业资源分配给每个具体事项？	☐
规划中是否考虑了人员可用性和其工作效率？	☐
每个员工的工作量是否与其上级直接领导商讨并达成一致？ （是否也检查了跨项目使用问题？）	☐
是否使用了有效的日历？考虑正常工作时间、社会公共假期、企业假期、长时间缺勤、企业资源可用性 在 Microsoft Project 中为项目、任务和资源日历	☐
是否在计划日期内检查了提供短缺资源的可能性？	☐
是否有足够的时间缓冲区？关键路径是否已知？	☐
是否保证对于每个项目阶段，其前一个项目阶段（来自验证和确认、里程碑审查、回顾等）的经验知识已被转移到更新需求和项目规划？	☐
是否检查过可否缩短项目工期？	☐

表 11-3　在不缩小工作量的情况下优化日程规划

目标	方法	实施
缩短项目工期	并行化	如果有足够的人员和资源可用，则同时开展多项工作 （压缩工作时间，成本上升）
	加大能力	增加规划的项目 / 过程的计划人员可用性（Microsoft Project 中的可用单位）或更多让员工（内部、外部）参与项目，以便并行工作，更快地处理单个或多个工作事项（注意有观察培训期！） （成本上升）
	提高效率	更好地利用资源，使用更有经验的员工，培训员工 （成本上升，工作量下降）
	外包工作	向外部分配项目范围，例如交给供应商或自由职业者 （成本上升，工作量下降）
	避免工作	购买现成的解决方案 （成本上升，工作量下降）
避免资源透支	转移事项	按顺序处理事项或将它们推迟 （延长工作时间，项目持续时间上升）
	延长时间	限制项目 / 事项的计划人员可用性 （Microsoft Project 中的可用单位和能力平衡功能） （延长工作时间，任务持续时间上升，项目持续时间上升）
	加大能力	试图让更多人员（内部、外部）加入项目，分配给相应的工作 （注意有观察培训期！） （费用上升）
	外包工作	向外部分配项目范围，例如交给供应商或自由职业者 （成本上升，工作量下降）
	避免工作	购买现成的解决方案 （成本上升，工作量下降）

建议

要尽量避免使用 Microsoft Excel 和 PowerPoint 创建和管理项目时间表！道理很简单，一把木锯只能锯断木料，而钢锉可以打磨钢铁，尽可能使用项目日程软件工具，这类软件工具可以确定日期，计算限期和持续时间长短，而 Excel 和 PowerPoint 办不到。办公软件工具无法处理日程安排的多维性。

顺便说一句，使用 Microsoft Project 可宏观概括性显示时间信息、单独格式化布局或实现时间轴功能（自 Microsoft Project 2010 版本起具备此功能），这些都是更适合于项目管理的时间规划表达方式。

三点式估算时间

时间规划多基于估算，这里指工作量、可用性和效率，这三点都容易受到不确定性影响，会造成估算不准确甚至风险。所以在考虑前瞻性规划时，建议使用三点式估算方法对重要的交付日期进行预测，这也称为计划评估和评审技术分析。这就涉及如何兼顾最早时间、最晚时间、最高概率时间，如何近似地取得估算结果。为此就要考虑以下假设条件下的关键路径。

1）按照优化后的边界条件估算最短的持续时间。这对应于乐观估计，提前就完成项目的概率很小。

2）按照特别不利的边界条件，估算可能最长的持续时间。这对应于悲观估计，提前完成项目的概率很高。

3）按照预期的边界条件，估算最可能出现的持续时间。这对应于较为现实的估计，在这个期限完成项目的概率最大。该值介于乐观估计和悲观估计之间。

为了提高估算的准确性和质量，本书建议使用德尔菲法或召开评估研讨会，参见步骤 9 中的估算方法。始终要将所预期的（期望中最可能的）项目持续时间列入项目时间计划中。

参考文献

Carnegie Mellon University: CMMI® for Development, Version 1.3. November 2010

DIN 69901:2009: Projektmanagement – Projektmanagementsysteme. Beuth, Berlin 2009

Gessler, M. (Hrsg.): Kompetenzbasiertes Projektmanagement (PM3) – Handbuch für die Projektarbeit, Qualifizierung und Zertifizierung, Band 1, 4. Auflage. GPM Deutsche Gesellschaft für Projektmanagement e. V., Nürnberg 2011

Hab, G.; Wagner, R.: Projektmanagement in der Automobilindustrie, 4. Auflage. Springer Gabler, Wiesbaden 2013

Herrmann, A.; Knauss, E.; Weißbach, R. (Hrsg.): Requirements Engineering und

Projektmanagement. Springer, Berlin 2013

IATF 16949:2016: Qualitätsmanagement System-Standard der Automobilindustrie, Erste Ausgabe, 1. Oktober 2016. VDA-QMC

ISO 26262 – 2:2011: Road vehicles – Functional safety, Management of functional safety

Jakoby, W.: Projektmanagement für Ingenieure. Springer Fachmedien, Wiesbaden 2015

Kuster, J.: Handbuch Projektmanagement, 3. Auflage. Springer, Heidelberg 2011

Oestereich, B.; Weiss, C.: APM – Agiles Projektmanagement – Erfolgreiches Timeboxing für IT-Projekte. dpunkt, Heidelberg 2008

Project Management Institute: A guide to the project management body of knowledge: PMBOK® guide 3rd Edition. Project Management Institute, Pennsylvania 2004

VDA QMC: Automotive SPICE 3.0. 2015

Wermter, M.: Projekte planen und steuern mit MS Project 2003/2007. Wermter Projektmanagement, 2014

第 12 章
步骤 11: 估算成本

为什么经费花完了，可项目还没完成？

12.1 简介

做法、输入和输出

此规划步骤的做法

步骤 11.1: 确定具体做法。由谁来估计哪些范围？到何时以何种形式提交结果？

步骤 11.2: 估算人员成本。人员成本 = 人员工作量 × 小时费率。

步骤 11.3: 估算其他成本。项目中还有哪些其他支出？每个支出的依据是什么？

步骤 11.4: 创建成本规划。比如成本费用矩阵、总成本曲线和阶段成本。成本估算是否合理？现有财务预算是否充足？

步骤 11.5: 审查成本规划。

步骤 11.6: 规划拨备资金。还必须建立哪些财务储备？

此规划步骤的输入

• 工作量估算。

• 项目日期规划。

• 成本出处的小时费率。

• 早期项目阶段或类似项目的成本费用估算。

• 预算规范（例如，来自项目订单）。

此规划步骤的输出

• 成本计划，包括财务储备建议。

现在我们遇到了最重要的事情，那就是资金！一家企业只有挣钱盈利，才能长期生存。因此，盈利能力对每家企业都至关重要。项目都只为企业的盈利目标做出贡献和提供服务，因此，创收盈利也必须是每个项目的重中之重。即使可能在个别情况下有些例外，要选择不同的优先级，但一个项目也必须保证其在预算范围内实现。

在项目规划的框架内，项目的经济性，也就是盈利能力，通常可以归结为对其成本费用使用情况的评估。成本费用与盈利创收挂钩，决定了企业的经营利润，即利润 = 收入 − 成本。这一简单道理不言而喻，项目规划会对成本有一定的影响，但对利润 / 收益无直接影响，或只有间接性且很小的影响。

必须估算和监控项目的成本。要制订成本计划，首先必须回答以下问题。

- 实施该项目可能需要多少成本支出？
- 预计在何时会产生成本费用？
- 什么将会导致成本支出？

因此，制订一个成本计划必须根据项目时间和项目结构，估算出项目的总成本。项目总成本必须分配到各个级别的项目结构元素中，例如子项目和工作包，并且对应于项目的时间顺序。成本规划示例如图 12-1 所示。

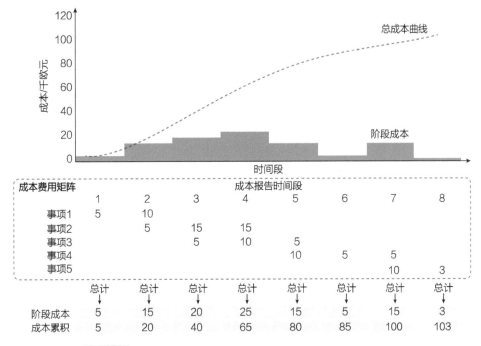

图 12-1　成本计划由成本费用矩阵、阶段成本和总成本曲线组成

根据德国工业标准 DIN 69901-5:2009《项目管理系统 - 第 5 部分：概念》的定义，成本规划就是描述项目中可能出现的费用（参见 DIN 69901-5 2009，3.30）。它将作为目标规范，用于检查与当前项目中实际成本费用的偏差，并辅助确定项目进度，也称为挣值分析。企业的财务监督部门也需要项目的成本费用计划，以控制企业的流动资金。

通常，一个工程项目的成本由一定比例的人员成本和其他额外成本（例如材料费、差旅费和软件许可使用费用等）组成。因此，作为成本计划的基础，一方面是要进行人员工作量估算，另一方面则是其他成本的估算。项目结构规划和时间表为制订成本估算的框架部分。

成本规划是企业管理和项目管理的基础！它显示了每个项目阶段中，每个项目组成元素随着时间的推移，其预计成本支出的发展状况。

提示

在许多项目中，项目控制仅是基于计划的和实际的人员工作量，例如以小时或人日来衡量。然而，为了能够全面评估项目状态，就必须始终考虑成本费用。只有当其他额外、非重要性成本，比如差旅费、办公材料费、工装费等，与人员成本相比所占比例很小时，才可以忽略不计，此时只需考虑与项目状态相关的人员工作量就足够了！

那么制造成本呢？

开发型项目会以两种方式影响一个产品是否成功，首先是开发成本高低，其次是所交付成果的质量，除此之外还要考虑产品的制造成本有多少。

如果在项目规划过程中提到成本费用，那么通常是指研发（Research and Development，R&D）成本和产业化成本（如果包含在项目范围内）。这些成本费用对应于项目管理三角形中的成本顶点，相关规范可以看作是对项目的要求。

产品的制造成本主要源于材料和加工费用，这也是产品的特点之一。对此，相应的规范也是对产品要求的一个部分，应归属于项目管理三角形中的绩效范围。

本章专门讨论项目管理三角形中的成本部分。

汽车工程项目的特殊性和挑战

•成本规划通常是自上而下创建的。项目预算在报价阶段就基本上已由企业销售决策和粗略成本估算大致确定了。

•研发成本在产品总成本中所占的比例可能会有很大差异。如果产品生产数量多，且创新程度低（产品改型、外观改变），则研发成本占比几乎可以忽略不计，而对于新型产品或小批量量产产品，则研发成本将是总成本中的主要部分。

•在研发型项目中，人员成本通常占项目总成本中的最大比例。

•研发型项目的预算超支一般很常见。如果后期产品生产数量大、质量有保证、销售业绩好，则这些预算超支部分可以被产品销售产生的利润部分予以抵消。

•批量生产的交付日期通常具有最高优先级，即优先级为 1。

项目经理进行成本规划时常用的重要术语如下。

成本类型，用于根据其类别来划分成本费用出处，简单讲就是"钱将花在什么地方"。成本类型的具体定义是各个企业自身特有的。汽车工程项目中典型的成本类型有人员成本、差旅费用、材料费用或外部服务费用。

成本出处，用于根据造成费用支出的人员、部门划分成本，即"谁在花钱"，通常对应于企业中的部门或团队等组织单位。每个成本出处都有其小时费率。

成本承担者，又可称之为成本单位，用于根据产品或服务（旨在产生利润）划分成本，即可以将成本分摊给哪些产品或服务。在项目管理的背景下，项目结构元素和工作成果可以视为是成本承担者。

单一成本，又称为直接成本，指可以直接分配到成本承担者的成本。比如在项目中，分配到项目团队的人员费用和差旅费用。

共同性成本，又称为间接成本，这是指不能直接分配给成本承担者的成本。这就必须使用所谓分配额，将费用分配给成本承担者或成本出处。例如，办公楼的租金可以根据各自员工人数的比例分配给相应的部门科室。间接成本通常已考虑并计算在成本出处的小时费率中。

12.2 确定具体做法

在开始估算成本之前，应该先回答以下几个与此有关的关键问题。

•计划应该有多详细？详细达到哪个项目结构级别（注意：成本估算的详细程度应与工作量估算的详细程度相对应）？时间上的细分程度应如何？

•由谁来估计哪些项目范围（这涉及如何将项目结构元素分配给负责估算的

人员)?

- 使用哪种工具进行成本计划？是否有模板可供参照？
- 何时报告部分成本计划？
- 有哪些企业资源和经验（例如类似的项目，经验丰富的员工、专家，估算方法）？
- 将由谁发布成本计划？谁予以批准？

所确认的做法应通过文档记录在案，例如记录在项目手册中。

建议
- 成本计划的时间细分程度（详细程度）应与报告时间间隔相对应。过于细致的细分是没有实际意义的，但过于粗略将导致项目报告中的目标和实际情况难以对照比较。
- 根据项目结构元素（垂直详细程度）对成本计划进行分解，应该兼顾与工作量估算具有相同的详细程度，因为成本估算也要基于工作量估算的结果。要估算人员成本（步骤 11.2），就必须能够将工作量分配到相应的成本出处。
- 还应该在成本规划中为各个项目里程碑引入中间成本估算，例如在每个项目阶段结束时。

图 12-2 显示了一个成本估算模板，其中列出了若干成本费用数据。

项目结构规划编号	估算元素（项目结构规划元素：事项、工作包……）	估算假设/推断	人员成本							其他成本		
			成本出处 3301HW		成本出处 3350SW		……			材料成本/欧元	差旅成本/欧元	其他成本/欧元
			工作量/h	小时费率/欧元	工作量/h	小时费率/欧元						
发布10.A.100												
1.1.1	——	—	24	85.30						—	—	—
1.1.2	——	—			16	68.50				1500.00	500.00	—
1.1.3	——	—	80	85.30						—	1000.00	—
……												……

图 12-2　项目成本估算模板

12.3 估算人员成本

估算一个具体事项的人员成本，可以通过以下方法简单计算，即人员工作量和小时费率的乘积，这里小时费率来自相应的成本出处。必须确保对每个具体事项只明确地分配给一个成本出处，在创建项目结构时就应考虑到这一点。比如对于整个项目或一个项目范围（事项 1~n），其人员成本计算方式如下：

$$人员成本 = \sum_{i=1}^{n} 事项（i）的人员工作量 \times 小时费率（i）$$

这里每个具体事项的人员工作量已在步骤 9 中确定。成本出处的小时费率通常可以从企业财务监督控制部门获得。

如果是使用 Microsoft Project 工具，则必须在标准费率和加班费选项下，填写入所投入的人力资源。

12.4 / 估算其他成本

除了项目人员本身的成本外，项目中还需要其他成本支出，例如原型加工、商务旅行、咨询服务、测试站租赁等。这些类型的成本费用必须针对每个具体事项进行估算。对于企业资产使用，例如加工车间工厂、系列生产工具、测试设备等，必须明确说明在项目中其所被占用的份额。如果难以将某些成本（例如差旅费）合理地赋给一个具体事项或工作包，则应尝试选择其更高级别的项目结构元素，比如子项目、项目阶段等。

与人员成本估算不同，这些其他类型的成本估算通常基于现有报价或已知价格，因此可以更准确地确定。在这里要对估算所做的假设通过文档记录在案。

下面列出了汽车工程项目中常见的其他成本类型。

1）**差旅费**：包括交通工具费、住宿费、出差补贴等。

2）**许可使用费和租金**：包括软件许可使用费、测试台、电磁兼容性（EMC）实验室、测试线路轨道等。

3）**工具成本**：包括测量设备、工作站、诊断和存储工具等。

4）**采购服务**：包括评估和审核、咨询服务、外部员工费用等。

5）**材料成本**：包括采购件、样品零件、原型等。

6）**运营成本**：包括生产设施、工具、测试设备等运行维护费用。

7）**物流成本**：包括运输、包装、仓储等。

8）**其他成本**：包括培训、项目会议、项目营销措施等。

如果使用 Microsoft Project，则必须在固定成本一栏里输入这类成本费用。

建议

对于较大规模的外包项目，要获取报价或绑定价格信息。

12.5 创建成本规划

如果已经对每个具体事项的人员成本和其他成本进行了估算，并且覆盖了所有项目结构元素，就可以根据项目结构元素创建成本规划，所缺少的只是成本费用在时间上的分配。项目进行中成本费用随着时间而变化，可以通过总成本发展和各个阶段成本描述表示（图 12-1）。总成本曲线随着项目进展持续性上升，其最大值对应于项目所计划的总成本。成本发展过程也可以可视化描述，比如用条形图，即每个时间段所产生的成本费用，简称为阶段成本。总成本曲线和阶段成本这两种表示形式都可用于项目成本管理。可以为整个项目创建这些成本描述，但是如果为了更加深入详细，也可以分解到项目结构元素，例如项目阶段或子项目。这些成本数据可用成本矩阵记录和管理，成本矩阵以表格形式按时间段和项目结构元素记录成本数据。如果使用 Microsoft Project，可根据项目时间规划，将小时费率分配给各个资源（小时费率、加班费率）并补充入其他成本（固定成本），这都是创建总成本曲线和阶段性成本所需要的。选择该软件视图中的"成本"或"创建项目报告"选项，就可以显示每个报告周期、每个成本出处或每个项目结构元素的成本，可以选择显示整个项目或部分范围。

如果没有软件工具支持，完全手工进行成本规划创建就稍微复杂一些。一种可行的方法如下：首先在一个表格的第一列中列举出所有具体事项，而后为每个报告间隔提供一列，如图 12-1 中的成本矩阵所示。每个具体事项的计划时间被填写到该事项（所在的行）和相应的报告间隔（所在的列）相交的单元格内，还可为单元格着色。在选定的单元格中，该事项的成本（人员成本和其他成本的总和）呈线性分布。

所有具体事项的成本在每个报告间隔列的最后一行中累积总和。如此就可生成各阶段成本。最后再添加一行作为总成本累积，这用于后面创建总成本曲线。所规划的项目总成本就是在所有报告期间，所有被估算要素的成本的总和。

12.6 审查成本规划

项目规划的预算是否足够？如果将所估算的项目总成本与可批准的财务预算进行比较，显而易见有两种结果，一种是项目总成本在预算范围中，预算多余的部分可以考虑作为预留拨备资金，可作为项目资金储备；另一种是项目总成本超出预算范围，在这种情况下，必须及时通知客户，并与客户、上层管理人员和规划团队一起审查规划结果，共同商讨是否有以下可能。

- 降低成本。
- 缩小项目订单范围。
- 增加预算。

这些步骤的前提条件是成本估算的合理性已经事先经过内部审查并予以确认。

在不减少订单内容范围（取消工作成果）的情况下，在短期内降低整体项目成本在汽车工程项目中通常很难实现。一般而言，降低产品质量要求绝对不是汽车行业可接受的解决方案，必须始终满足产品安全性和可靠性要求。

Hab 和 Wagner 在《汽车行业项目管理》一书中推荐了以下几点降低成本费用的措施（参见 Hab/Wagner 2013）。

- 使用 ABC 分析确定产品和过程中降低成本的潜力。ABC 分析是一种分析方法，它将考虑的对象根据所定义的参数分为三组，即 A– 非常重要、B– 重要和 C– 不太重要。通过确定对象的优先级，将措施定位在预期效果最大的对象，类似于帕累托原则（80/20 原则）。
- 检查订单要求或订单规格，并与客户共同商议简化内容。
- 进行对标分析（Benchmarking），转让部分订单内容。
- 寻找可替代材料、技术和供应商。
- 承接高成本费用的项目工作时，可加强工作指导、准备、基础设施供应，提高企业内部部门的意愿和工作效率等。
- 尽可能采用现有解决方案（标准化、已采用的和外购的零部件），从而减少开发工作量。

 负回报的项目

　　如果估算成本超出计划预算，则可能会导致某些项目负责人之间的冲突。可能是对项目团队的责备，例如"你们估计得过于悲观了"，或者某些毫无理由的要求，例如"这个零件必须便宜 10%"等。这些责备和要求对追求项目成功都只能造成负面影响。

　　而自上而下的领导层支持、决策过程的透明度等都会促进项目人员积极性的提高，这才是提高项目盈利能力最有效的方式。如果在有负回报的前提下仍决定实施该项目，那么做出这一决定时必须对团队成员解释清楚，开诚布公且操作透明。

12.7 / 规划拨备资金

要为仍不确定的成本费用预留拨备资金。考虑到项目的经费条件和成本估算的不确定性，这要与客户预先商定。

出于企业经济和成本限制的原因，一个项目中只能得到有限的拨备资金。建议不仅是为一个项目预留拨备资金，还要考虑跨项目的拨备资金。例如，在项目和项目预算中可为已知风险估算拨备资金，而对尚无法识别的风险，则根据保险原则（风险均摊）在企业组织中规划项目拨备资金，例如由企业财务监管部门预留拨备资金。

可用以下公式粗略估计所需的拨备资金：

项目拨备资金 =∑ 已知风险的残余风险值 × 安全系数

上述公式中的安全系数可以根据不同的风险承受能力调整其数值。0 代表一种假设（或希望），即在引入预防措施后不会出现透支风险；1 代表可以涵盖所有已知透支风险，即使这些风险出现，其风险值也与预先所估算的值相同。

当然也可以选择更高的安全系数。但要考虑到这一估计有可能是错误的，实际情况可能与此相反，有时工作成果可以用比估计低的成本实现，这可能是意想不到的成本节约。

一个项目需要有经费裕量！如果这一裕量为项目总成本的 5%~10% 则认为是较为合理的。如果一个项目规划中没有经费裕量，将使项目实施人员缺乏乐观性，从而因项目工作感到紧张和压力。

•与客户共同商议成本规划可接受的偏差范围。确定何时成本可能超支将至关重要，应该考虑是否要在风险管理中调整风险范围的评估标准。

•在项目开始时，一个项目经理就要十分明确是否自己拥有充分控制项目成本的必要权力和可行选项，是否可参与项目资金审批流程，能否直接影响（批准或拒绝）工作量计划（按小时计费）、采购和订单。只有当一个项目经理被授权有机会去控制成本时，他才能承担成本管理的责任！

•要在项目进行期间密切关注人员小时费率或汇率的可能变化。必要时与客户解释和说明这些变化可能会对项目产生的影响。

参考文献

Carnegie Mellon University: CMMI® for Development, Version 1.3. November 2010

DIN 69901 – 5:2009: Projektmanagement – Projektmanagementsysteme. Beuth, Berlin 2009

Gessler, M. (Hrsg.): Kompetenzbasiertes Projektmanagement (PM3) – Handbuch für die Projektarbeit, Qualifizierung und Zertifizierung, Band 1, 4. Auflage. GPM Deutsche Gesellschaft für Projektmanagement e. V., Nürnberg 2011

Hab, G.; Wagner, R.: Projektmanagement in der Automobilindustrie, 4. Auflage. Springer Gabler, Wiesbaden 2013

Jakoby, W.: Projektmanagement für Ingenieure. Springer Fachmedien, Wiesbaden 2015

VDA QMC: Automotive SPICE 3.0. 2015

第13章
步骤 12：定义项目控制关键指标

"如果你不能衡量它，你就不能管理它" ——
美国会计学家罗博特·卡普兰（Kaplan）、美国商
业理论家大卫·诺顿（Norton）

13.1 简介

> **做法、输入和输出**
>
> **此规划步骤的做法**
>
> • 步骤 12.1：选择指标。项目控制需要哪些关键指标？哪些是最为适合的？哪些指标可宏观描述项目现状？
>
> • 步骤 12.2：定义每个关键指标的目标值。制定关键性指标目标值的原则是什么？
>
> • 步骤 12.3：定义每个关键指标的处理流程。谁提出了哪些关键指标？这些指标的数据来源和时间点是什么？应该如何记录和描述这些关键指标？
>
> **此规划步骤的输入**
>
> • 规划步骤 1~11。
>
> **此规划步骤的输出**
>
> • 项目总控制表盘（Project-Cockpit，显示项目管理关键指标）。

在项目实施过程中必须定期比较目标和实际状态，以便在必要时采取调整和纠正措施。这项任务是项目管理的一部分，也简称为项目控制。

　　项目规划文件通常包含大量信息。为了有效甚至高效地进行项目控制，要保证既定的项目目标一目了然。当前步骤作为项目规划的最后一个步骤，就是从大量规划文件中提取用于项目控制的要点。项目控制所需的信息必须浓缩为数量适中的关键指标（图 13-1），以便在日常的项目管理工作中控制项目进展并实施管理，而不忽略和遗漏其要点。

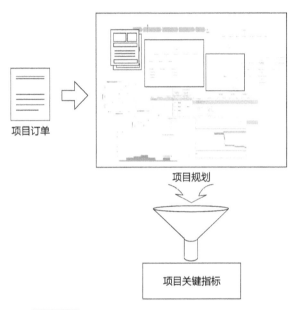

项目订单

项目规划

项目关键指标

图 13-1　从项目规划中抽取项目控制关键指标

　　这里谈到的指标是项目目标质量和实现程度的衡量参数，类似于企业管理学中的关键绩效指标（Key Performance Indicator，KPI）。它们为项目实施期间的控制决策奠定了基础，因此，这些指标必须是正确无误、易于理解、清晰明确的，且与项目订单要求息息相关。

　　为了能一目了然地监控这些关键指标，可将这些指标引入一个项目总控制表盘（Dashboard）中，类似于飞机驾驶舱仪表板，如图 13-2 所示。

　　一个计划只有在可以验证其合规性时，才可以被认为是真正有效的。出于易于管理的目的，项目规划的内容必须浓缩，尽可能一目了然。

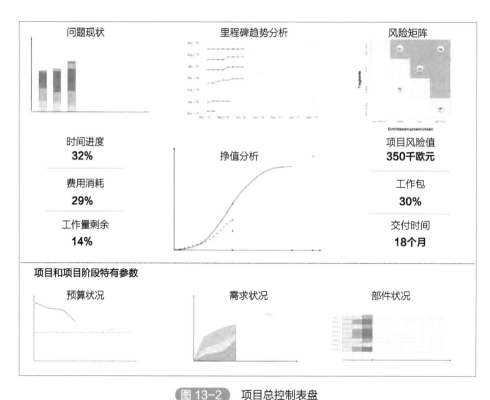

图 13-2　项目总控制表盘

汽车工程项目的特殊性和挑战

•项目管理在很大程度上仍然是主观性的且依靠直觉。

•项目进展（尤其是产品成熟度进展）从来都不是线性稳定的，而是跳跃式的，通常只有在很漫长的测试阶段后才能评估其实际结果。

•企业组织通常缺乏足够的跨项目规范，来确定哪些关键指标可用于项目控制。

•项目中经常提出提供关键指标数据的要求，但只是提出了收集这类数据的要求，并没有任何明确的应用要求，或者与项目订单对照的要求。

•项目控制数据的收集、评估和再现通常还不够系统化和完整全面。这类数据分布在不同的软件系统中，例如产品数据管理、商业智能、报告、计划、变更管理工具，这些系统之间很少或没有可进行数据交换的接口。计划数据和实际数据还必须手工处理，这些数据来自不同的系统，数据文件格式也不统一。

•所使用的软件工具的功能通常难以满足要求和期望，比如软件的图形用户界面设计和内容往往并不简明整洁，不易被接受，造成操作负担和错误，相较于当今的应用程序（App）和平板式计算机（便携式计算机），这些工具显得早已过时。

•即使引进新型的工具进行数据收集和评估，也仍需要企业提供特定的配置、项目流程和数据配套，这些新事物在日常业务中都非常耗时，且运营成本高昂。

敏捷项目管理的成本描述

在敏捷项目管理中，项目进度的透明度是主要支柱之一。敏捷项目管理的目标是抛开项目报告，直接地实现项目状况的持续性透明。最重要的进度衡量标准就是产品的功能，这是敏捷项目管理的原则之一。

在敏捷项目管理中，使用二维燃尽图（Sprint–Burn–Down）是典型的做法。二维燃尽图可形象地表示完成当前冲刺或发布仍剩余的工作。这里用横轴表示时间，纵轴表示剩余工作量，可以直观地预测随着时间的推移，项目将何时趋于全部完成。作为参考对照，还有一条直线表示理想或所期望的工作进度。因此，燃尽图在很大程度上如同反向的总成本曲线。与传统项目一样，其正确性取决于工作量估算。图 13–3 展示了一个项目进展燃尽图的实例。

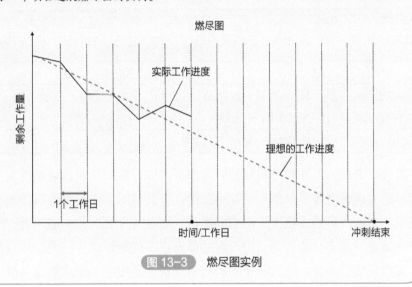

图 13–3　燃尽图实例

13.2／ 选择指标

选择指标涉及究竟需要什么样的指标，以及为什么需要。首先应该始终明确哪些问题可以用关键指标来回答，然后才能有目的地进行选择。

如何衡量项目进度？最重要的项目目标是什么？如何量化产品成熟度？什么是对产品功能起决定性作用的（即产品推销行话所说的"营销亮点"）？

不能也不必衡量一切！相反，只应该选择若干个重要的关注点，将注意力集中到具体的开发领域、步骤或产品属性上。请记住：不同的项目阶段所需的指标可能不同，但仍需要将每个项目阶段的指标限制在较少的数量内。

适合项目控制的关键指标必须满足以下要求。

- 含义明确无误。
- 与项目订单直接挂钩。
- 通过适量的工作就可确定数据可用性和质量。
- 在项目报告日期及时提供。

控制项目的重要指标是项目进度。为了完整充分地描述项目进度，要以项目管理三角形理念进行思考。可同时兼顾以下三个变量以确定项目的进度，即项目挣值、已支出的预算和已消耗的时间，见表 13-1。对项目进度和完成值的评估将在后面有关挣值的内容中更详细地的予以说明。

另外，这些关键指标不仅可以用于整个项目，还可以用于单一的项目结构元素或成本出处。

表 13-1 确定项目进度的指标

指标	计算方法
项目挣值	已实现挣值 / 计划挣值
已支出的预算	实际成本 / 计划成本
已消耗的时间	已用时间 / 计划的项目工期

虽然已支出的预算和已消耗的时间都可以很容易而且很准确地确定，但要衡量工程项目的完成程度通常很复杂，其中就涉及可交付的工作成果的范围大小。在大多数情况下，工业产品的成熟度无法明确衡量，而且其发展时而停滞不前，时而缓慢，时而突飞猛进，通常只能在测试阶段后才能真正正确地评估。因此，项目的完成程度和范围通常只能在项目中的某些里程碑时间点根据预先定义的成熟度标准进行阶段性评估。在两个里程碑之间，只进行部分评估就足够了。表 13-2 总结了一些确定项目进度的指标。

表 13-2 确定项目进度的指标

指标	关键指标数据
产品特性（功能）状态	• 产品特征的数量 • 按状态（已确定、已实施、已测试、已验收）划分，每个状态所占的百分比
组件 / 模块的状态	• 组件 / 模块的数量（非机械硬件、机械部分、软件） • 按状态（方案批准、设计批准、2D 图样 / 制造数据批准 / 实施、测试 / 合格、PPAP 通过等）划分，每个状态所占的百分比
具体产品功能	• 质量 • 制造成本 • 性能

（续）

指标	关键指标数据
具体产品功能	• 诊断覆盖率 • 处理器负载 • 无差错连续运行里程数 / 时间 • 平均故障时间（MTF） ……
工作成果状态	• 工作成果的数量 • 按状态（尚未开始、进行中、已发布、已交付、已验收）划分，每个状态的工作成果所占的百分比 • 可交付 / 非增值工作成果所占的百分比 • 功能相关 / 跨专业部分各自所占的百分比 ……
需求状态	• 所有利益相关者提出的需求数量 • 每个利益相关者的需求所占的百分比 • 各个产品特性 / 组件的需求所占的百分比 • 按状态（已接受、已拒绝、在确定中、在测试中确认等）划分，各类状态的需求所占的百分比 • 按类别（项目、产品、功能、安全、质量、特性、限制、流程等）划分，各类需求所占的百分比 • 按子项目 / 专业（软件、非机械硬件、机械等）划分，各类需求所占的百分比 ……
工作包状态	• 工作包的数量 • 按子项目 / 专业划分，各类工作包所占的百分比 • 按状态（尚未开始、开始、完成）划分，各类状态工作包的百分比 …… （可以根据计划工作量大小进行加权！）
问题管理状态	• 问题的数量 • 按状态划分，各类问题所占的百分比（例如在 8 个工艺步骤之后） • 按子项目 / 专业划分，各类问题所占的百分比 • 按类别划分，各类问题所占的百分比 ……
变更管理状态	• 变更请求的数量 • 按状态（已批准、已拒绝、在处理、实施等）划分，各类变更所占的百分比 • 按子项目 / 专业划分，各类变更所占的百分比 ……
风险管理状态	• 项目中的剩余风险值 • 根据风险类别、子项目 / 专业等划分的剩余风险值所占的比例 • 风险的总数量 • 按范围、风险价值、类别、子项目 / 专业、组件等划分，各类风险所占的百分比 ……

（续）

指标	关键指标数据
供应商管理状态	• 所需供应商的数量 • 按供应商状态（非提名、提名、合同供应商）划分，各类供应商所占的百分比
经济性指标	• 边际贡献 • 利润率 • 工具成本 ……

就上述项目总控制表盘而言，一般都具备以下两种控制方法，即里程碑趋势分析和挣值分析，这两种方法适用于各行各业和产品类型。在评估项目进度和项目管理方面，二者都发挥着其突出的作用。通过正确定义项目中的里程碑、相关的日程和评估标准，里程碑趋势分析就可以描述项目进展、产品成熟度、遵守还是推迟项目日程。挣值分析可以提供项目预算的发展情况，同时兼顾项目时间和挣值，涵盖整个项目管理三角形，从而提供项目进度的管理信息。

1. 里程碑趋势分析

在里程碑趋势分析中，要预测每个重要的项目里程碑的实现日期，并以图形曲线的方式显示。这样就可识别出项目时间延迟的风险。

图 13-4 显示了一个里程碑趋势分析示例。应该注意的是，汽车行业中最重要的项目日期是量产日期，尽管在这之前的其他里程碑在时间上可能有变化，但这一里程碑不能推迟。但也绝不应忽视项目前期里程碑的推迟会造成大量工作积压到后期，甚至直至量产启动，这就代表了一种风险，因此前期的里程碑不能随意推迟，只要出现延迟迹象，就应及时采取补救措施，避免其继续扩大发展。

2. 里程碑趋势分析所需要的数据

1）在计划中：规划的里程碑日期（图 13-4 中第一列的"01 2022"，指 2022 年1 月）。

2）在每个报告日期：预测到的里程碑日期（图 13-4 中第一行的"01 2022"，指 2022 年 1 月）。

3. 挣值分析

仅考虑成本费用不足以评估项目的"好"或"坏"。如果有足够的理由，希望保持或扩大工作范围，以致所需费用上涨，则可以考虑透支成本费用。同样，暂时性的费用降低并不意味着在项目结束时仍有预算结余。

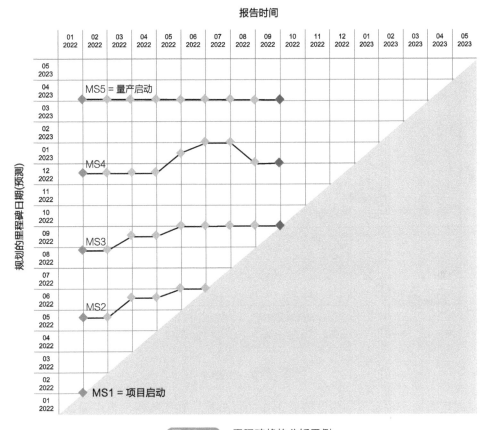

图 13-4　里程碑趋势分析示例

工作范围在时间上的偏移总是意味着所计划的成本走势将发生变化，成本费用将比计划更早或更晚支出。这些相互关系可以在挣值分析中予以考虑，即除了计划和实际成本以外，还要关注项目完成值，更直接地讲，就是所谓挣值。

挣值分析通过比较计划和实际成本、计划和实际挣值，来评估在报告时间点所实现的项目进度。它还可以使用线性外推法或者加法式外推法预测项目总成本和完成日期（图 13-5）。

挣值是已完成的项目范围（工作包、子项目等）对应可创造的经济价值。由于工程项目的实际完成程度很难确定，所以必须引入一个简化指标，即经济价值，如同对成本的度量一样！显而易见，部分或中期成果对客户而言并没有可确定的经济价值，并且不能单独为此付款。因此，必须近似地确定挣值。

挣值取决于计划成本和所达到的完成度，计算公式如下：

$$挣值 = 完成度 \times 计划成本$$

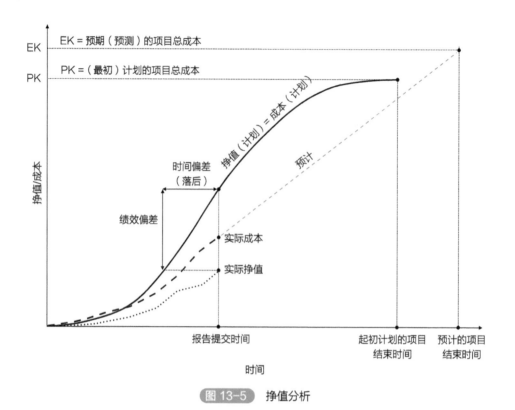

图 13-5 挣值分析

完成度对应于项目范围内已完成工作的百分比，在工程性项目中通常只能很粗略地确定。因此，完成度的精确值通常没有实际意义。出于这个原因，就可只用计划的完成度来控制进度，例如尚未开始的工作包为 0%；已开始并已进行到一半，但尚未完成的工作包可为 50%；已完成的工作包为 100%。

对于挣值的计算，已完成工作包的成本（完成度 = 100%）将会被全部考虑在内，已经开始但尚未完成的工作包的成本（完成度 = 50%）只考虑一半，而尚未开始的工作包（完成度 = 0%）根本不需考虑。项目中工作包的数量越多，这种简化的误差就越能在平均值中得到平衡。

基于这种理想化的前提条件，项目范围 A 的计划（目标）和实际挣值采用以下公式计算通常已具有足够的准确性。

$$挣值 A（计划）= \sum_{i=1}^{n} 成本（计划）_{工作包\,i}$$

$$挣值 A（实际）= \sum_{j=1}^{m} 成本（实际）_{工作包\,j} + \frac{1}{2} \sum_{k=1}^{n-m} 成本 A（计划）_{工作包\,k}$$

式中，i 是项目范围 A 中的所有工作包；j 是项目范围 A 中完成度为 100% 的所有工作包；k 是项目范围 A 中完成度为 50% 的所有工作包。

估算预期的项目总成本可有两种方法，加法式外推法和线性外推法。加法式外推法基于以下假设，即从现在开始，一切都将按计划进行。基于此假设，现有成本差异不会再改变，并将结转到项目结束。线性外推法基于以下假设，即事情过去的发展方式在未来将继续。这意味着先前的趋势将继续发展。

加法式外推法计算预期的项目总成本 EK 的公式如下：

$$EK=PK+(IK-FW)$$

线性外推法计算预期的项目总成本 EK 的公式如下：

$$EK=PK \times \frac{IK}{FW}$$

式中，PK 是最初计划的项目总成本；IK 是成本（实际）；FW 是挣值（实际）。

挣值分析需要以下数据。

1）**计划中**：计划完成值。上述的近似算法对应于计划成本曲线，即总成本曲线。

2）**在每个报告日期**：实际挣值和实际成本。

在一个项目中，进行有效挣值分析的前提条件是足够细分的项目结构和成本计划（工作包或任务级别），以及定期和正确记录累计的工作时间、成本和完成度。

13.3 定义每个关键指标的目标值

出于项目控制目的，必须为每个关键指标定义目标值，又称为计划值或期望值，以便与项目实施期间收集到的实际值进行比较。在每个计划的报告时间都应该有其各自的目标值！可以参考项目里程碑的关键指标，在每两个里程碑之间插入这期间内各个报告时间的目标值。但要将风险、问题和变更请求指标排除在外，这些主题有其固有的不确定性，难以确定和规划其目标值。

制订了所有计划就认为项目将可以稳步进行，这是一种幻想。项目的进展通常都不是稳定的，在时间上都是不可预测的。然而，为了能有一个评估项目现状和进展的基准，制订所期望的目标规范是必要的。

当然，不一定要过于精确地描绘出关键指标的目标曲线，宏观粗略的定义就可以为项目控制创建一个大致框架。过去类似项目的数据可能是制订目标规范最有价值的数据来源。但如果缺少这些数据信息，即使仅根据直觉和推测制订某些规范，这也强于没有任何项目控制大纲。

如果可能，指标目标值应该写入一个共同的文档或软件系统中，随着项目的进行将不断采集到的实际值以相同的格式写入，这样就使后面的数据处理无须进行数据格式的转换。

建议
- 定义关键指标的偏差范围。应明确何时可能会出现指标偏差，对项目而言影响是否严重。就此需要向上一级管理层汇报实情。
- 定义中断项目的标准可能也是必不可少的，这些标准应基于所选定的关键指标。

13.4 定义每个关键指标的处理流程

对于每个选定的关键指标，应回答以下问题。

- 谁确定关键指标？
- 根据哪些项目数据确定关键指标？
- 多久要对关键指标处理一次？在什么时候？
- 如何处理指标数据（软件工具、工作步骤）？
- 应该如何可视化关键指标（条形图、折线图、数字、表格等）？

在处理指标数据时，应注意保证数据操作的安全性，尤其要注意数据的敏感性。项目的成功取决于管理决策的质量，而决策的质量又取决于可用信息的真实质量！

建议 **项目指标的预处理**
- 所传达的信息必须适合于接收者，即要考虑对方的需求、专业知识和阅读时间。
- 能够从一个关键指标中得出简要的见解和结论！例如在插图中加入简短的文字："项目正在按计划进行""上个月软件错误的数量减少了一半""里程碑 X 预计将在 Y 月达到"等。
- 避免信息垃圾。将指标信息简化为实质性要点，并省略琐碎的陈述。在思维上可"假设观众很聪明！"（参见参考文献 Schels 2012）。
- 不要过于修饰外观。保持图形的简单性，实质性内容应尽可能简洁明了，尽量避免使用 3D 图形。
- 标题文字大小适中。
- 如果需要，可加入注释性的附加说明。
- 如果决定描述数据类指标的发展，最好选择图形形式。当指标值较为重要时，选择用数字表示。例如用 2D 曲线描述成本费用变化，以识别其发展趋势，总风险值可以用大号、粗体数字显示，而且要突出表达其当前数值。

建议

•记录项目进度是用于监督项目的进展状况，就此必须投入适度的精力进行项目控制。

•统一管理规范和自动化数据采集，这些标准化操作有助于降低管理工作量。如果可使用跨项目的统一性关键指标，还可以实现多个项目之间的比较对照。

•对当前项目状态特别重要的关键指标数据要一目了然，简明、清晰、可视化，以引起项目团队或相关人员的关注。例如，可在开放式办公区域设置企业信息显示屏，创建企业内部网页和定期新闻报道。

•为了评估项目状态，引入某些软性指标也很有意义。例如，设置员工情绪晴雨表、定期询问员工对项目工作的满意程度。

参考文献

Brandstäter, J.: Agile IT-Projekte erfolgreich gestalten. Springer Fachmedien, Wiesbaden 2013

Carnegie Mellon University: CMMI® for Development, Version 1.3. November 2010

DIN 69901:2009: Projektmanagement – Projektmanagementsysteme. Beuth, Berlin 2009

Gessler, M. (Hrsg.): Kompetenzbasiertes Projektmanagement (PM3) – Handbuch für die Projektarbeit, Qualifizierung und Zertifizierung, Band 1, 4. Auflage. GPM Deutsche Gesellschaft für Projektmanagement e. V., Nürnberg 2011

Hab, G.; Wagner, R.: Projektmanagement in der Automobilindustrie, 4. Auflage. Springer Gabler, Wiesbaden 2013

Jakoby, W.: Projektmanagement für Ingenieure. Springer Fachmedien, Wiesbaden 2015

Kuster, J.: Handbuch Projektmanagement, 3. Auflage. Springer, Heidelberg 2011

Schels, I.: Geschäftszahlen visualisieren mit Excel 2010. Markt+Technik, München 2012

VDA QMC: Automotive SPICE 3.0. 2015

汽车项目管理实用指南
项目规划12步成功法

PART 03

第三部分
总结

第 14 章
实施计划

14.1 / 项目规划成果

在一个规划周期结束后，就收获了 12 份项目规划文件。这里再归纳总结一下各个规划步骤和相应的工作成果。

- 第 1 步：明确项目订单。准确地理解项目订单内容、将其以文档形式记录，并确保没有自相矛盾的说法。明确项目的目标、动机、初始现状和边界条件。
- 第 2 步：分析项目环境。了解和熟悉项目环境，评估其对项目的影响。
- 第 3 步：设计项目流程。确定项目要遵循的流程。定义所需的调整和改进措施，对项目中的主要流程进行协调和调整，以保证项目实施能够统一化地顺利进行。
- 第 4 步：确定工作成果并制订发布计划。按项目订单确定项目要取得的工作成果。而发布计划定义了项目成果的实现顺序。
- 第 5 步：组建项目团队。大致确定项目所需的人员、人员的可用性和调配措施。定义项目团队的人员配置和各自的角色，并描述各个人员的工作职责。
- 第 6 步：规划沟通交流。设计项目中正式和非正式沟通，定期性进行报告和组织会议。有针对性地进行项目营销，以保证能够快速、准确地传递项目信息，使部门、团队和管理层达到协调一致。
- 第 7 步：确认风险。识别和确认可能会影响项目进展的风险，定性或定量评定其负面影响，制订管理方案，设计控制、应对和预防措施。

- 第 8 步：工作结构化。将整个项目任务分解、细化和结构化，并以文档形式记录在案。具体讲就是创建工作成果所需的任务结构，并自上而下地分配工作成果。
- 第 9 步：估算人员工作量。估算项目实施的人员工作量，以上述步骤的成果作为参考，即项目结构、人员组织等。
- 第 10 步：制订时间规划。时间规划用于规划项目工作成果的时间顺序，以及确定相应的人员和资源需求。不同项目阶段的工作成果都可以形象地用里程碑描述。
- 第 11 步：估算成本。估计实现项目订单所需的成本费用。将成本费用按项目结构和时间细分。
- 第 12 步：定义项目控制关键指标。从项目计划中抽取关键指标，以便掌握项目进度，实施项目控制和财务预算监督。

来自上述 12 个规划步骤的文件构成了有效甚至高效实施项目的起点。在完成了规划周期中的工作内容之后，可以说是完成了以下工作。

- 对项目内容进行了详细的研究、分析和结构化。
- 建立了有效实施项目管理的前提条件。
- 为要实施的项目创建了必要的透明度。
- 项目团队有共同的沟通语言，建立了协调各个项目活动的框架。
- 已创建了符合 Automotive SPICE 和 CMMI 的项目实施前提条件。
- 项目实施将可以更专业化，更具有安全性和更高效。

在发布项目规划和项目启动之前，每个项目规划还应与实施团队或核心人员进行协商、讨论和确认，并要由客户（可能还有其他利益相关者）审核并给予确认！没有什么比共同和诚实的承诺更能让计划得以有效实施了。

建议

作为一个项目经理，应该经常随身带好项目规划文件。纸质文件通常比数字式更适合小组讨论和快速传阅，即使当今无纸化办公是趋势，仍建议要有纸质文件夹。文件夹非常适合于存放打印出的计划文档，并可定期更换加入当前版本，而无须付出太多工作。

14.2 项目准备和启动

必须向项目团队和利益相关者提交和说明项目规划，而后才能开启项目。

对此，适合召集一个研讨会，尽量让所有相关人员参与，共同讨论项目规划和后续步骤。这通常称为项目启动（Kick-off）。

最迟此时，所有参与者都应该积极参与项目启动，提出问题、疑虑或改进建议。项目发起人最好是较高层管理领导也出席到场，以强调项目对企业的重要性，同时表达对项目的支持。

项目启动会议通常只在企业内部进行，并没有客户的参与，因为计划中有一些敏感性的细节，尤其是成本费用和项目组织，仅限于企业内部交流。但是，要与客户举行一次启动会议，这样比较合乎情理，可在会上向客户大致介绍和解读项目规划。

一个项目启动会议可包括以下几个议程。

1）相互认识了解。

2）介绍项目规划（步骤 1~12）。

3）讨论项目规划和实施方案。

4）对规划表决，达成承诺。

5）项目正式启动。

与会人员：项目团队（至少是核心团队）、客户、企业管理代表（可选）、其他需要的利益相关者。

14.3 项目控制

德国足球教练约瑟夫·塞普·赫伯格说过："一场比赛的结束就是下一场比赛的开始。"

为了保证项目正确地进行，就必须在整个项目实施过程中定期检查项目规划的合规性和有效性。这就如同自动控制原理，要持续不断地比较现实与计划值间的差异，这也是项目管理的理论基础。如同前文所述的循环式质量管理（PDCA），要制订计划，实施计划，检查其实施情况，并根据结果调整计划，如同自动控制系统理论里常提到的闭环系统。

这项工作的起点是初始的项目规划。因为所有的计划在本质上都有其不准确性和不确定性，所以就只能且必须在项目进行过程中定期予以检查、质疑和改进。可提出诸如此类的问题：过去的推断还仍然有效吗？是否配备了合适的人员和资源？人员是否具备所需要的专业技能？是否有什么新的发现？项目边界条件是否发生了变化？

在汽车工业项目管理中，产品需求和人员配备尤其受制于不断变化的环境因素。此外，随着项目的持续推进，事先的假设更为接近或偏离项目现实，这都要求对计划进行校正、调整和完善，使其更加细化和正确。从应对措施所带来的变化，可获得新的认知和经验。这都需要定期性地多次循环上述规划周期，可能是要修改和完善 12

个步骤中的某几个。

　　建议在两个报告的时间间隔内定期重新审查和更新规划。规划遵守程度和偏差必须反映在项目状态报告中。至少在每个项目阶段开始前进行审查，如有必要，尽早更新。

　　通常，项目规划将逐渐接近于实际解决方案。规划中的不确定性、项目经理的工作量都将随着项目的推进逐渐减少。

　　审查项目规划的要点如下。

　　1）**遵守项目期限**。应定期（例如每月）检查至此所要完成的工作。如果没能按计划完成，则必须调整期限，必要时必须采取进一步措施。

　　2）**里程碑审查**。按照规划清单或标准目录，定期对项目进度和产品成熟度进行评估。需要审查的里程碑要明确地列在项目日程表中。

　　3）**审查工作量和成本**。应定期（例如每周）检查对比所计划／批准的工作量与实际消耗的工作量，这里主要是了解各个项目结构元素的预算使用情况。

　　4）**检查项目完成程度**。应定期（例如每周）检查各个项目范围／部门所汇报的完成度。还应审查完成度和规划工作时间之间的相关性。

　　5）**回顾**。核心团队应定期（例如在每次项目阶段结束或每月）召开非正式会议，回顾过去项目阶段的工作，共同交流感想体会，总结经验教训，考虑下一个项目阶段可以改进的地方。这些会议也应该用来调动团队积极的情绪，使团队成员思想一致，更有助于协同合作。

　　如果发现项目计划实施中出现偏差，就必须及时调查其形成原因，启动相应的应对措施。简单性措施可以是短期性的行动计划，例如待解决问题列表，更复杂的措施就应该将其定义为工作包，并列入项目结构和时间规划中。

　　还要经常自问，哪里还有可改进的潜力？不仅要对规划实施中出现的偏差做出反应，还应主动思考项目进程中可能的优化。

建议

　　　要安排在固定的时间段进行项目规划更新。例如每月中固定的一天，最好在项目日记中约定系列性会议。在这种小型项目审查中，项目管理人员单独或与核心团队共同进行计划更新。即使没有任何改变，也要逐个检查每个规划步骤，要将整个规划周期视为审查清单的对象进行梳理。

　　　为此，最好选择一个工作日，手头事先应有前一项目阶段的最新报告，其内容为有关工作量、成本费用、工作完成度的数据记录。要考虑到这类报告可能由于信息系统的原因需要几天时间才能到手。

> 在项目审核和评估中，要系统性地检查在项目实施过程中项目关键指标的计划与实际值之间出现的偏差，并决定是否要调整项目规划。要确保以文档形式记录偏差和项目调整，以便追溯项目进行的历史。

建议

14.4 细节决定成败

瑞士作家弗里德里希·杜伦马特（Friedrich Dürenmatt）说过："只要按计划行事，就更有能力应对偶然事件。"

任何事情的发展都可能与预期不同，而且其原因可能不明。在项目中，可能会因一项任务的优先级较低而无意忽略了这项任务，项目的边界条件可能会突然改变，员工可能会因病无法按承诺交付工作成果，或者客户的想法可能发生改变等。一个规划再好也不意味它能应对各式各样的突发事件。项目规划不能保证通向项目目标的航程可以一帆风顺，它只不过是为实施项目所制订的框架。

项目规划和结构中出现的差异有助于尽早识别可能要出现的风险，如同对待魔鬼猛兽，将它们尽早安置在分离的空间里监管，不让它们出来兴风作浪。

无论如何，高标准要求的项目规划为以更完美的方式设计项目流程提供了最好的机会，而不仅仅是单纯地管理项目。但管理只是基于对事件的预期，其他一切都如同是火灾中的灭火。

在这一点上，本书作为一本简要实用的项目规划指南，希望能给您提供一些帮助。

第15章
项目管理成功的 20 条建议

1）让客户参与项目规划。客户通常也对项目肩负重大的责任。在许多企业中，客户对项目预算和人员配置起决定性作用。

2）确保项目规划在日常工作中始终显而易见。项目订单、进度、工作结构、组织结构图、报告和会议记录，都必须提供给相关的项目成员，不要仅存放在管理人员自己的项目文件夹中，例如可使用挂在办公室的项目介绍海报。

3）避免信息和数据冗余！确保项目信息只存放在一个地方。项目文件中的信息冗余会导致管理工作混乱繁琐、查询和更新工作量增加，还可能导致相互间的混淆。例如应避免在项目结构规划中添加项目人员电话号码、联系人或会议日程等附加信息。要明确会议信息属于时间日程安排，组织信息属于项目组织结构。因此要避免在其他项目文件中出现准确的日程安排信息，而是指出其参考的项目日程文件。如果无法做到这一点，要确保所有人员都清楚项目的原始文档是什么。

4）尽早规划产品的技术接口规范！这些技术接口应该是开发合作伙伴之间首先需要达成一致的技术规范。未能明确确认的接口都意味着一种潜在风险，后期补充或修改都需要人员、工作量投入和成本费用。

5）优先考虑每个发布之前要实施的流程（V 循环、样品阶段等）。在与核心团队和客户的联合研讨会上，根据需求对客户的重要性、对订单需求进行分类。

6）安排一次项目中期审查。至少在项目进行到一半时安排一次项目计划的全面审查和项目进度评估，当然如果可能可以更频繁地进行。在理想情况下，审查评估由项目外的人员进行。也可以安排最终冲刺审查，例如在到达计划项目工期的 75% 时安排审查。将这些审查计划添加入项目进度表，将审查作为项目工作的一部分。

7）作为一个项目经理，所要关注的是"什么"，而将"如何"留给项目团队和专业部门。只要描述你期望的结果，而不是如何实现。

8）只通过文档记录必要的内容。如果在项目中收集和记录了大量项目信息，这通常表明缺乏大局观、信任感和安全感。如同为人处世，要以信任作为合作的基础。

9）如果可能要亲自出面澄清重要问题，而不是通过电子邮件。

10）收集到的信息存放在一处。经常有许多通过电子邮件分发的指令和信息，虽然都很重要，但一时无法分类整理或在不同的地方归档。最好在项目开始时，就将对项目成员重要的信息存放在每个成员都可提取的地方，这个地方可以是文件夹，或者内部互联网链接地址。对这些信息要设置不同的接触等级和权限。

11）尽可能减少项目中电子邮件的数量。在项目开始时，就将这作为一项沟通规则规范化，以限制电子邮件的过度使用。即使没有一封电子邮件，项目仍然可以取得成功，不要让自己淹没在电子邮件的海洋中。

12）减少 PowerPoint 形式的演讲会。相反，要鼓励和促进人员直接交流。统计资料显示，在一个 PowerPoint 演讲中，大多数听众并没有真正参与，他们专注于其他事情了。正是出于这个原因，PowerPoint 在亚马逊公司被严格禁止。可将会议内容在会议开始前减缩整理成几页纸，在会议开始时分发下去，让与会者可有时间阅读，然后就实际内容进行讨论。

13）通过项目会议来获得项目进展信息，而不仅仅是汇报自己的工作。一个项目经理在项目会议上发言的时间应该是最少的，按经验法则：最好少于 10%。要将主要发言部分分配给那些承担项目任务，汇报其进展情况和工作成果的成员。

14）尝试在项目中建立以下机制，即如果报告项目中出现了问题，那么尽可能提出一个或多个解决方案的建议。不能是"报告完毕"，然后退下。这也适用于项目经理，要让参与者提供解决方案，而不仅仅是提出问题！

15）保持正确的宏观监督理念。作为一个项目经理，其工作之一是分配工作包，而不是具体的细节任务。他始终应在自己的责任领域层次与他人协商、讨论和交换意见。仅在有正当理由的例外情况下，才参与详细的内容讨论。

16）避免过度微观管理。确保通过工作包分发以跟踪项目工作进展。通过非直接渠道，例如项目管理日志、口头承诺、电子邮件等，分配任务所占的比例应尽可能小。未解决问题列表不应成为项目控制的工具。

17）在项目实施过程中，始终确保每项具体工作都有所对应，都分配和落实到一个部分工作成果。如果这无法完成，就应该质疑该项工作是否真的有必要进行。

18）当看到将来可以改进或做得更好的事情时，要随时记录。从一个项目到另一个项目不断改进自己的工作方法和模式。项目规划中的常规方法既适用于项目经理，也同样适用于其他项目组织和成员。

19）对于每一个项目任务，团队人员首先都要问问自己：我能够完成和希望接受这个任务吗？这就要评估自己的业务能力，还要考虑个人的实际情况和生活目标、拒绝接受这个项目的可能性。

20）获得信息反馈。随时诚恳地对待他人对自己工作的评价，在项目结束时征询同事、员工、客户或项目委托者，方方面面地了解他们对项目的感受、批评和建议。可以问一句：我在未来的项目中可以做得更好吗？针对将来项目中需要改进的地方，可直接询问：项目中出过什么问题吗？诸如此类的问题更有可能有助于消除怀疑、封闭和隔阂。利用这些反馈信息来完善自身，将过去的弱点变为今后的强项。

参考文献

Andler, N.: Tools für Projektmanagement, Workshops und Consulting, 6. Auflage. Publicis, Erlangen 2015

Bär, C.; Fiege, J.; Weiß, M.: Anwendungsbezogenes Projektmanagement. Springer Vieweg, Berlin 2017

Boehm, B.: Software Engineering Economics. Prentice Hall, Englewood Cliffs 1981

Borgeest, K.: Elektronik in der Fahrzeugtechnik, 2. Auflage. Vieweg+Teubner, Wiesbaden 2010

Brandstäter, J.: Agile IT-Projekte erfolgreich gestalten. Springer Fachmedien, Wiesbaden 2013

Brückner, C.: Qualitätsmanagement – Das Praxishandbuch für die Automobilindustrie. Hanser, München 2011

Cunningham et al., Manifesto for Agile Software Development (Das Agile Manifest), 2001, http://agilemanifesto.org/principles.html, zuletzt abgerufen am 29.10.2017

DeMarco, T.; Lister, T.: Bärentango. Hanser, München 2003

Ehrmann, H.: Unternehmensplanung, 5. Auflage. Kiehl, Ludwigshafen 2007

Ewusi-Mensah, K.: Software Development Failures. Massachusetts Institute of Technology, 2003

Gessler, M. (Hrsg.): Kompetenzbasiertes Projektmanagement (PM3) – Handbuch für die Projektarbeit, Qualifizierung und Zertifizierung, Band 1, 4. Auflage. GPM Deutsche Gesellschaft für Projektmanagement e. V., Nürnberg 2011

Hab, G.; Wagner, R.: Projektmanagement in der Automobilindustrie, 4. Auflage. Springer Gabler, Wiesbaden 2013

Hanschke, I.: Agile Planung – nur so viel planen wie nötig. In: Wirtschaftsinformatik & Management. Spektrum, April 2016

Herrmann, A.; Knauss, E.; Weißbach, R. (Hrsg.): Requirements Engineering und Projektmanagement. Springer, Berlin 2013

Jakoby, W.: Projektmanagement für Ingenieure. Springer Fachmedien, Wiesbaden 2015

Kuster, J.: Handbuch Projektmanagement, 3. Auflage. Springer, Heidelberg 2011

Malik, F.: Management – Das A und O des Handwerks. Campus, Frankfurt 2007

Mayer, K.: Stakeholder im Projekt – trotz hoher Bedeutung oft nur intuitiv gesteuert. In: ProjektMagazin, Das Fachportal für Projektmanagement. Ausgabe 17, 2015

Meyer, H.; Reher, H.-J.: Projektmanagement – Von der Definition über die Projektplanung zum erfolgreichen Abschluss. Springer Fachmedien, Wiesbaden 2016

Müller, M.; Hörmann, K.; Dittmann, L.; Zimmer, J.: Automotive SPICE in der Praxis: Interpretationshilfe für Anwender und Assessoren. dpunkt, Heidelberg 2007

Oestereich, B.; Weiss, C.: APM – Agiles Projektmanagement – Erfolgreiches Timeboxing für IT-Projekte. dpunkt, Heidelberg 2008

Ottmann, R. D.: Der nackte ProjektManager. Ottmann & Partner GmbH, Nürnberg 2012

Software Engineering Institute (SEI): Taxonomy-Based Risk Identification, 1993.

http://www.sei.cmu.edu/reports/93tr006.pdf, zuletzt abgerufen am 29.10.2017

VDA 6: Qualitätsmanagement in der Automobilindustrie: Grundlagen für Qualitätsaudits, 5. Auflage. Verband der Automobilindustrie e. V. (VDA), Frankfurt 2008

VDA-Empfehlung 605: „Auslaufmanagement von Elektronikkomponenten im Automotive Aftermarket". Verband der Automobilindustrie (VDA), 2012. Verfügbar unter: https://www.vda.de/dam/vda/publications/1332415294_de_1728828232.pdf, zuletzt abgerufen am 29.10.2017

VDA QMC: Automotive SPICE 3.0. 2015. Verfügbar unter: http://www.automotivespice.com/fileadmin/software-download/Automotive_SPICE_PAM_30.pdf, zuletzt abgerufen am 29.10.2017

ZVEI – Zentralverband Elektrotechnik- und Elektronikindustrie e. V.: Leitfaden Archivierung

von Dokumenten für Hersteller, Lieferanten und Anwender von Elektronischen Bauelementen und Baugruppen, Frankfurt 2009

附　录
名词解释

挣值分析

挣值分析（Earned Value Analyse）是在工程项目实施中使用较多的一种方法，是对项目进度和费用进行综合控制的一种有效方法。其核心是将项目在任一时间的计划指标、完成状况和资源耗费进行综合度量。

利益相关者

利益相关者包括企业的股东、债权人、雇员、消费者、供应商等合作伙伴，也包括政府部门、本地居民、本地社区、媒体、环保主义者等。这些利益相关者与企业的生存和发展密切相关，他们有的分担了企业的经营风险，有的为企业的经营活动付出了代价，有的对企业进行监督和制约，企业的经营决策必须要考虑他们的利益或接受他们的约束。

矩阵式组织结构

矩阵式组织结构又称规划—目标结构，是把按职能划分的部门和按产品（或项目、服务等）划分的部门结合起来组成一个矩阵，是同一名员工既同原职能部门保持组织与业务上的联系，又参加产品或项目小组工作的一种结构。

迭代增量式开发

迭代增量式开发（Scrum）即整个开发工作被组织为一系列短小的、固定长度的小项目。每一次迭代都包括需求分析、设计、实现与测试。这样开发工作可以在需求被完整地确定之前启动，并在一次迭代中完成系统的部分功能或业务逻辑的开发工作。

产品路线图

产品路线图（Product Roadmap）可以认为是随着时间推移用来指导产品研发及发展方向的文件。它既是一份高层次的总结性和战略性文件，又概括了项目的阶段性成果，带有明确的战略实施计划。

产品待办事项

在敏捷项目管理中，产品待办事项（Product Backlog）是指产品应包含的功能的优先级列表。项目团队使用产品待办事项列表来确定具体工作中的优先级。

竞取

竞取（Acquise）描述了所有以获取客户为目的的措施。包括获取新客户和维持现有客户。其过程可包括以下步骤：识别相关方（潜在客户）、审查和分类、接触、出售或交易以及跟进销售。

时间盒

时间盒（Timeboxing）是提高生产效率和将项目分成固定时期的最佳方法。其思路是范围可以调整变化，但时间不可以变化。它将任务分成很多小块，每块都设定一个较短且固定的时间（称为时间盒）。如果截止时间快到了，但预定的任务尚未完成，那么就可以削减任务，以保证高优先级的任务完成，舍弃不那么重要的任务。

工作合同

在本书中，工作合同的含义来自德国民法典，其特点是客户为承包商创造工作的事实支付报酬（工资）。这将其与服务合同区分开来。

范围蔓延

范围蔓延（Scope Creeping）是指在项目开始后的任何时候项目范围的变化、持续

或不受控制地增长。当项目的范围没有正确定义、记录或控制时，就会发生这种情况。范围蔓延是多数项目中的风险。

PDCA 循环质量管理

PDCA 循环质量管理是将质量管理分为四个阶段，即 Plan（计划）、Do（执行）、Check（检查）和 Act（处理）。在质量管理活动中，该方法要求把各项工作按照做出计划、实施计划、检查实施效果，然后将成功的经验纳入标准，不成功的问题留待下一循环去解决。这一工作方法是质量管理的基本方法，也是企业管理各项工作开展的一般规律。

工作包

在项目管理中，可将一个整体工作分解细化，分解后的最底层定义为工作包层，工作包是分解结果的最小单元。所有的进度计划、成本计划、人员安排都是以它为基础而进行的，它是开展项目管理的最小单位。

流程参考模型

流程参考模型（CMMI-DEV 模型）是指导软件开发过程的参考模型，在软件行业应用最为广泛。对于每一成熟度等级必须实施哪些过程域，该模型可以提供一个阶段式的流程改进建议顺序。

向下兼容

向下兼容原本是一个计算机技术术语，其含义为在计算机中，一个程序或者类库更新到较新的版本后，用旧的版本程序创建的文档或系统仍能被正常操作或使用，或在旧版本的类库的基础上开发的程序仍能正常编译运行的情况。

看板

看板（Kanban）是一种精益制造管理方法，目的是管理生产过程和提高工作效率。在软件开发过程中，看板不是作为提高生产量的工具，而是用于记载生产数量和标记生产过程。

基于云的协作平台 Trello、MS Planner 或 Taskworld

基于云的协作平台都是旨在促进项目和任务管理、协作、授权、沟通、知识管理、衡量进度并为团队内的循证评估提供绩效指标。

Atlassian 的 Jira Software

Jira Software 是用于错误管理、故障排除和运营项目管理的 Web 应用软件。Jira Software 历来主要用于软件开发，但现在也已在许多企业的非技术领域确立了自己的地位。典型的应用案例是任务管理、需求管理和帮助台。Jira Software 可通过其工作流管理功能用于流程管理和流程改进。

上级领导

本书中的上级领导意指项目管理人员的上级管理人员，所强调的是企业组织结构中的等级层次，从上至下可以是企业领导、部门领导、科室领导等。这些人可能是项目经理的直接或间接上级。

经济原则

经济原则也称经济效率原则，指人员或企业以经济最优的方式行事的假设。经济原则意味着努力和结果必须处于最佳比例，以最大限度地提高利润，并尽可能有效地利用自己的资源。这里区分了最大和最小原则。

需求管理

需求管理的目的是确保成功达成产品开发目标。这是一系列用于对需求进行记录、分析、划分优先级并达成一致的技术，以便于项目团队始终掌握最新的已核准需求。

变更管理

变更管理是一种对系统变更的请求、决定可达性、计划、实施和评估的过程，主要目的是以一系列相互关联的因子，来支持对变更的处理和实现其可追溯性。

电梯演讲

电梯演讲（Elevator Pitch）是对想法、产品或公司的简短描述，是以听众在短时间内都能理解的方式解释概念。演讲的内容通常可以是想法、产品、企业和任务等。

用户故事

用户故事（User Story）是敏捷开发中经常用到的对需求进行描述的方法。与传统冗长、复杂的需求说明书文档不同，它是从系统用户（或顾客）使用的角度，对其功能需求进行的简单描述。

ASIL

ASIL 全称为汽车安全完整性等级。这是 ISO 26262：2018《道路车辆—功能安全》

标准中针对道路车辆的功能安全性定义的风险分类等级。根据对汽车部件的危害概率和危害严重性等，确立符合 ISO 26262 标准的安全要求。

RACI 矩阵

RACI 矩阵又称为责任分配协议，其中的 R 为责任，A 为实施，C 为协作，I 为信息。RACI 矩阵又称责任分配矩阵，是一种确定项目团队对每个任务、里程碑或项目可交付成果的角色和责任的方法。

质量门

质量门（Quality Gate）又称质量关口，是工业项目流程中，特别是产品开发阶段，事先明确定义的质量标准，决定了发布下一个项目步骤的起点。

基线

在项目管理中，基线（Baseline）是项目计划明确的起点，是一个固定的参考点，用于衡量项目在一段时间内的进度和绩效。

生产件批准程序

生产件批准程序（Production Part Approval Process，PPAP）是在汽车产业供应链中使用的品质保证程序，目的是确认零件供应商供应零件的品质及其制造程序是否符合要求。实际生产的零件要经过测量，并且要完成 PPAP 测试表单上的各种测试项目。

敏捷项目管理

敏捷项目管理是将敏捷软件开发和精益管理的原则应用于各种管理过程中，特别是产品开发和项目管理。不同于传统的指令性和等级制企业管理，敏捷项目管理依赖于自组织和群体智能。该管理方法没有冗长的协调和决策过程，项目团队能够以自主决定的方式设定优先级。

需求可追溯性矩阵

需求可追溯性矩阵是一种项目管理工具，可帮助识别和维护项目需求和可交付成果的状态。它通过为每个组件建立一个线程来实现追溯。它还可管理整体项目需求。

IATF 16949

IATF 16949：2016《汽车生产及相关服务件组织质量管理体系要求》是国际汽车

行业的技术规范，是汽车行业生产及相关服务件的组织实施 ISO 9001：2015《质量管理体系—要求》的要求。该标准着重于缺陷防范，减少在汽车零部件供应链中容易产生的质量波动。

失效模式与影响分析

失效模式与影响分析（Failure Mode And Effects Analysis，FMEA）旨在对系统范围内潜在的失效模式加以分析，以便按照严重程度加以分类，或者确定失效对于该系统的影响。FMEA 广泛应用于制造业产品生命周期的各个阶段。失效原因是指加工处理、设计过程中或项目 / 物品本身存在的任何错误或缺陷，尤其是那些将会对消费者造成影响的错误或缺陷。失效原因可分为潜在的和实际的。影响分析指的是对于这些失效之处的调查研究。

"黑天鹅"理论

"黑天鹅"是指极不可能发生，实际上却又发生了的事件。满足以下三点中前两点的事件即可称为黑天鹅事件：第一，这个事件是个离散值，它出现在一般的期望范围之外；第二，它会带来极大的冲击；第三，一旦发生，人们会因为天性而做出某种解释，让这事件成为可解释或可预测的。

风险负责人

风险负责人（Risk Owner）作为单个风险或整个风险领域的专家，负责各自职责范围内风险管理流程的操作实施。例如，信息技术基础设施相关的风险的所有者就应该是信息技术部门的负责人，因为他们最了解如何应对威胁以及实施必要的措施。

三点估计方法

三点估计方法（Three-Point Estimation）基于非常有限的信息构建未来事件结果的近似概率分布。该方法根据先前的经验或合理猜测，为每个所需的分布生成三个数字：a 为最佳情况估计，m 为最可能的估计，b 为最坏情况估计。这些数字用于计算估计的 E 值，计算公式为 $E=(a+4m+b)/6$。

总成本曲线

总成本曲线是项目随时间累积成本的可视化。总成本曲线可以显示计划成本或实际成本，它是基于时间线中的时间点，通过对每个计划单元的成本直方图的值求和来创建的。

阶段成本

阶段成本是以图形方式表示每个单独工作包、特定区域或特定时期的成本水平。

小时费率

小时费率是服务提供商向客户或合同委托人收取的每小时工作费用的总和。

成本矩阵

成本矩阵是用于评估贝叶斯分类器的矩阵。其中，错误分类的各种可能性是通过成本来评估的。通过将混淆矩阵乘以成本矩阵，可以调整贝叶斯分类器，使平均成本相等并实现最小化。

对标分析法

对标分析法（Benchmarking）就是将本企业各项活动与从事该项活动的最佳者进行比较，从而提出行动方法，以弥补自身的不足。这是一种评价自身企业和研究其他组织的手段。

帕累托原则

帕累托原则（Pareto Principle）也称为帕累托效应或 80/20 规则。该原则指出 80% 的成果是通过 20% 的总工作量实现的。剩下的 20% 的成果，从数量上来说需要的工作量更多，占总工作量的 80%。

关键绩效指标

关键绩效指标（Key Performance Indicator，KPI）是企业绩效管理的基础。KPI 作为一种目标式量化管理指标，可以评估一个组织或它参与的特定活动（如项目、计划、产品和其他举措）是否成功。

Microsoft Project

Microsoft Project 是由微软开发的项目管理软件工具。其目的在于辅助项目经理创建项目规划，建立多层次的项目结构，为项目分配工作量、时间、人员和物质资源，跟踪项目进程，估算成本费用，管理和监督预算。

燃尽图

燃尽图（Sprint–Burn–Down）是用于表示剩余工作量的图表，由横轴（X 轴）和纵轴（Y 轴）组成，横轴表示时间，纵轴表示工作量。这种图表可以直观地预测何时一项工作将全部完成。燃尽图常用于软件开发中的敏捷软件开发方式，也可以用于其他类型的工作流程监控。

构造性成本模型

构造性成本模型（Constructive Cost Model，COCOMO）是由巴里·勃姆提出的一种软件成本估算方法。这种模型使用一种基本的回归分析公式，使用从项目历史和现状中得到的某些特征作为参数进行计算。

计划扑克

计划扑克（Planning Poker）是一个促使团队达成一致意见的团队构建活动。它由敏捷软件开发团队来评估完成一定量的工作需要花费多长时间。其目的是确保开发团队中的每个人都积极地参与到评估过程中并贡献他们的知识。该活动可能有很多未知变量，且为了得到精确的估计，需要很多领域的专业知识。

甘特图

甘特图（Gantt Chart）是条状图的一种类型，用于说明项目进度。该图表在纵轴上列出了要执行的任务，在横轴上列出了时间间隔。图表中水平条的宽度显示了每个活动的持续时间。甘特图说明了项目的开始和结束日期。项目工作被分解为多个子任务或具体工作和事项。项目管理人员可借此监控各项任务的进度。

帕金森定理

帕金森定理（Parkinson's Law）是由英国社会学家西里尔·诺斯古德·帕金森提出的俗语。其中一条说："在工作能够完成的时限内，工作量会一直增加，直到所有可用时间都被填充满为止。"

决策门

决策门（Decision Gate）也是项目中的一个里程碑。质量门强调固定日期的定性方面，但决策门的重点是在某个时间点做出的决定。决策基于生成的结果，这些结果在 V 模型中称为产品。产品可以是任何结果，例如文档、需求规范、项目手册、质量保证手册或软件等。

Automotive SPICE

Automotive SPICE 的全称是汽车软件过程改进及能力评定，是汽车行业用于评价软件开发团队的研发能力的模型框架。该模型框架最初由欧洲 20 多家主要汽车制造商共同制定，于 2005 年发布，目的是指导汽车零部件研发企业的软件开发流程，从而改善车载软件的质量。

边际贡献率

边际贡献率通常是指产品边际贡献率，可以理解为每获得一元销售收入时边际贡献所占的比例，它反映了产品给企业做出贡献的能力。边际贡献是指销售收入减去变动成本后的余额，它是管理会计中一个经常使用的十分重要的概念。

拨备

拨备指的是制定财务预算时，估计投资出现亏损时所预留的准备资金。假如最终实际支出少于拨备预算，便可视为盈利，反之则是亏损。

计划评估和评审技术

计划评估和评审技术（PERT-Analyse）是指用网络图来表达项目中各项活动的进度和它们之间的相互关系，并在此基础上进行网络分析和时间估计。该方法认为项目持续时间以及整个项目完成时间的长短是随机的，并服从某种概率分布，可以利用活动逻辑关系和项目持续时间的加权合计，即使用项目持续时间的数学期望计算项目时间。